dumont kunst-taschenbücher

Ernst Günther Grimme war bis 1958 Dozent für Kunstgeschichte an der Aachener Werkkunstschule, ab Februar 1958 Assistent an den Aachener Museen. Seit 1966 ist er Direktor des Städtischen Suermondt-Museums in Aachen, Schriftleiter und ständiger Mitautor der ›Aachener Kunstblätter‹. Bei DUMONT sind von ihm unter anderem erschienen: *Pieter Bruegel* (DuMont Kunst-Taschenbücher, Band 5), *Goldschmiedekunst im Mittelalter* (DuMont Dokumente), *Deutsche Madonnen* und *Jan Vermeer van Delft* (DuMont's Neue Kunst-Reihe), *Belgien – Spiegelbild Europas* (DuMont Kunst-Reiseführer).

Ernst Günther Grimme

Deutsche Madonnen

Mit Fotos
von Hans Georg Schwarzkopf

DuMont Buchverlag Köln

Umschlagabbildung Vorderseite: Muttergottes in der Mantelfülle (Ausschnitt; vgl. Farbtafel 16, Kat.-Nr. 32)
Umschlagabbildung Rückseite: Stehende Muttergottes (Ausschnitt; vgl. Farbtafel 19, Kat.-Nr. 46)

Druck: Gebr. Rasch & Co., Bramsche

Printed in Germany ISBN 3-7701-0910-4

Wenn ich, von deinem Anschaun tief gestillt,
Mich stumm an deinem heilgen Wert vergnüge,
Dann hör ich recht die leisen Atemzüge
Des Engels, welcher sich in dir verhüllt

Eduard Mörike

Vorwort zur Taschenbuch-Ausgabe

Vor zehn Jahren wurden in einem großformatigen Band die vorliegenden Texte und Bilder deutscher Madonnen schon einmal vorgestellt. Das Taschenbuch soll nun einen größeren Kreis von Lesern und Betrachtern erreichen. Anders gesehene, ungewohnte Bildausschnitte lassen manches Wohlvertraute in neuem Licht erscheinen und erweisen den Reichtum der Aspekte, unter denen sich das mittelalterliche Marienbild betrachten läßt. Damit jedoch jedes »zufällige« Detail im Gesamtwerk aufgefunden werden kann, sind im Katalog-Teil alle Skulpturen in Gesamtabbildungen wiedergegeben.

Ein Bändchen über deutsche Madonnen hat heute nichts mehr gemein mit einem »Erbauungsbuch« alten Stils oder einer Fibel des Ästhetischen. Es ist auch nicht mehr allein aus dem Entwurf eines religiösen Bekenntnisses heraus zu verstehen, sondern zeigt auf, in welch hohem Maß das Kunstwerk dem Mittelalter ein Stück Wirklichkeit bedeutete, wie es in der »Marienklage« eigene Daseinsnot in das Bild der um ihr Kind trauernden Mutter projizierte und wie sie in der strahlenden Schönheit der Himmelskönigin ein Versprechen auf die eigene Erlösung nach einem elenden Erdendasein sah. In mystischer Kontemplation erreichte man ein Höchstmaß an Spiritualisierung, und in naiver »Ansippung« fühlte man sich schon im Leben mit jener »Heiligen Sippe« verwandt, bei der in den Schreinen der Altäre die Mütter ihre Kinder stillten und das »Heilige« so diesseitige Züge annahm ... Kein künstlerischer Lebensanhang, sondern das Zentrum mittelalterlichen Geistes, der »im Künstler den Schüler

Gottes« und »in der Schönheit der geschaffenen Dinge den Widerschein der Schönheit Gottes sah« (Dionysius der Karthäuser)! Daß die Bildschnitzer der deutschen Stilprovinzen des Mittelalters in so hohem Maße die Definitionen des Spätscholastikers in künstlerische Vollendung zu kleiden verstanden, verstellt dem modernen Betrachter häufig den Blick auf die Psyche der Menschen, denen diese Bilder Trost, Hilfe und Verheißung bedeuteten.

Das Verzeichnis der Abbildungen finden Sie auf den Seiten 63-66.

Vorwort

Die Geschichte der Mariendarstellung in der Skulptur des deutschen Mittelalters ist gleichbedeutend mit der Geschichte deutscher Plastik von der Jahrtausendwende bis zur Reformation. Diese Einführung kann daher nur versuchen, die charakteristischsten Ausprägungen, die die deutschen Kunstprovinzen des Mittelalters für das Bild Mariens gefunden haben, aufzuzeigen. Neben säkularen Werken stellt sie auch seltener publizierte Skulpturen vor. Sie ordnet sie in die größeren Zusammenhänge ein und zeigt die richtungweisenden Leitbilder auf, denen sich die kleineren Meister verpflichtet gefühlt haben. Neben der kunstkritischen Würdigung mußte aber auch ein Kapitel deutscher Frömmigkeitsgeschichte nachgezeichnet werden; denn häufig waren hoch verehrte Gnadenbilder Gegenstand der Darstellung. Sie soll ohne Anspruch auf Vollständigkeit ein Gang durch die deutschen Stilprovinzen des Mittelalters sein und dort verweilen, wo Form und Ikonographie eine Bereicherung erfahren. So mögen die hier zusammengestellten Beispiele ein Abglanz jener »tausend Bilder« sein, in denen Novalis die Schönheit Mariens »lieblich ausgedrückt« fand, und die Frage beantworten, wie sie Johann Gottfried Herder gestellt hat: »Gibt es eine sittlichere Grazie, als das Gemälde der mütterlichen Liebe, verschmolzen mit jungfräulicher Unschuld?«

Von seinem Mönchsbruder Tutilo berichtet Ekkehard IV. von St. Gallen (geb. 980, gest. um 1060), daß er, der als Künstler hohes Ansehen genoß, einst in Mainz an einer vergoldeten Altartafel arbeitete[1]. Damit beschäftigt, ein Marienbild aus dem Reliefgrund zu treiben, seien zwei Pilger in seine Werkstatt getreten, um von ihm ein Almosen zu erbitten. Nachdem sie ihm eine Weile bei seiner Arbeit zugesehen und eine Wegzehr erhalten hatten, verließen sie Tutilo. Zu einem Kleriker, den sie wenig später trafen, sagten sie: »Gott segne jenen Mann, der uns heute so wohl getröstet hat! Aber wer ist die gar schöne Frau, die ihm so fein den Stichel reicht und ihm zeigte, wie er's machen sollte? Ist das seine Schwester?« Der Priester, der kurz zuvor bei Tutilo gewesen war, aber niemand bei ihm gesehen hatte, war über diese Rede sehr verwundert. Er ging in die Werkstatt zurück und fand bestätigt, was er gehört hatte. Die Pilger waren ihm gefolgt und riefen: »Vater, du bist von Gott gesegnet, da du eine solche Helferin bei deinem Schaffen hast!« Tutilo entgegnete, er verstehe nicht, was sie meinten, und befahl ihnen eindringlich, zu niemandem darüber zu sprechen. Als er jedoch schon am folgenden Tag hörte, daß die Mär in Umlauf sei, verließ er ärgerlich die Stadt. »An dem goldenen Relief fand man nachher auf einem vom Künstler selbst leer gelassenen Spruchband von unbekannter Hand die Inschrift: ›Diese Weihegabe hat Maria die Gütige selbst gefertigt.‹ Das Bild selbst wird, als ob es lebendig sei, noch heute von allen, die es sehen, verehrt.«

In Tutilos Legende wird Maria als die Personifikation göttlicher Weisheit gefeiert, die den Künstler zu seinen Werken inspiriert, ja ihm das Werkzeug führt, wenn er Verborgenes sichtbar macht. Wie sollte auch ein Mensch ohne höhere Erleuchtung ein Bild der Gottesgebärerin, der Theotokos entwerfen können, als die Maria seit dem Konzil von Ephesus im Jahre 431 verehrt wird! So lag es nahe, daß das frühe Mittelalter das Bild Mariens mit dem Geheimnis göttlichen Ursprungs umgab. Wie man sich das Goldrelief Tutilos von der Gegenwart der Madonna inspiriert entstanden dachte, so gab es andere, auf den Evangelisten Lukas zurückgeführte Darstellungen, die er zu Lebzeiten Mariens von der Mutter des Herrn geschaffen haben soll. So heißt es in einer Aachener Stadtgeschichte[2] aus dem Jahre 1620, daß Otto III. bei der Öffnung des Grabes Kaiser Karls des Großen im Jahre 1000 am Halse des Toten drei Reliquiare gefunden habe. In dem einen habe sich das »sehr ähnliche Bild der jungfräulichen Mutter, vom heiligen Lukas, dem Arzte und gleich trefflichen Maler gebildet«[3], gefunden.

In August Wilhelm von Schlegels Gedicht hat das Motiv der ›Lukasmadonna‹ seine romantisch-poesievolle Deutung gefunden:

Sankt Lukas sah ein Traumgesicht:
»Geh, mach dich auf und zögere nicht
Das schönste Bild zu malen!
Von deinen Händen aufgestellt,
Soll einst der ganzen Christenwelt
Die Mutter Gottes strahlen!«

Schlegel schildert, wie dem Heiligen von Engeln die Pinsel gereicht werden und erst die Nacht seine Arbeit unterbricht. Als er nach Tagen zurückkommt, findet er Maria entschlummert und wird Zeuge, wie sie als Gottesbraut in verklärtem Licht in den Himmel aufgenommen wird. Das Bild aber bleibt unvollendet. Die romantische Legende versucht noch einmal in volksliedhaftem Ton zum Leben zu erwecken, was in den Werken frühmittelalterlicher Kunst groß und unaussprechlich Gestalt gewonnen hat. Vor der Goldenen Madonna der Essener Münsterkirche wird man der numinosen Kraft inne, die von einem solchen Kultbild ausgegangen sein mag. Kurz vor der Jahrtausendwende in Köln (?) entstanden, ist es die erste vollplastische Darstellung Mariens, die uns erhalten ist[4]. Haltung und Bewegungsmotiv weisen sie als vorromanisches Werk aus, in dem die Erinnerung an heidnische Muttergottheiten noch nachklingt. Den Eindruck bestimmt der immaterielle Glanz des Goldes, mit dem der Holzkern der Figur bekleidet ist. Ihre Rechte hält den reichverzierten Apfel, der sie als ›Neue Eva‹, ›den zweiten Anfang‹ ausweist. Angesichts des antikisch gewandeten, in Gesicht und Körperformen stilisierten Christus auf ihrem Schoß verbietet es sich, von einem Kinde zu sprechen. Es ist vielmehr der Gestalt gewordene Logos, dessen

Attribute Kreuznimbus und Buch des Lebens sind. Dies ist ein Bildwerk, das, vornehmlich durch seinen magischen Goldglanz, nichts ›erzählt‹. Es scheint sich dem Erfassen durch das Auge zu entziehen, und doch füllt es den Raum, in dem es steht, ganz mit seinem Dasein. Hier gibt es nicht die optische Korrespondenz mit dem Betrachter, nicht jenes ›Blicken‹, das im späten Mittelalter so viel bedeutet.

Wohl achtzig Jahre später entstand für Bischof Imad von Paderborn[5] die nach ihm benannte Madonna des Paderborner Diözesanmuseums. Obgleich man sie 1762 ihrer Gold- und Silberbekleidung beraubt hat, geht von ihr, die auch den letzten Rest antikischen Körpergefühls verleugnet, jene hoheitsvolle Ruhe aus, die sie dem Bereich des Menschlichen entrückt. An der Rückseite der Plastik öffnet sich ein Türchen zu einer Reliquienkammer. Dies aber ist zum Verständnis eines solchen Werkes notwendig: Es ist Behältnis für die Unterpfänder des Heiligen, für Reliquien, die dem Schrein oder der Skulptur eine andere, gesteigerte Wirklichkeit gaben. Die Geschichte marianischer Plastik ist die Geschichte ihrer Funktion.

Die fast dogmatisch anmutende Vorstellungsstrenge, die der Phantasie wenig Spielraum läßt und Formeln von unabänderlicher Gültigkeit schafft, schränkt die Möglichkeiten des Künstlers ein und zwingt ihn, ganz hinter dem Werk zurückzutreten. So erklärt es sich, daß sich in dieser frühen Zeit später deutlich geschiedene Stilprovinzen noch nicht voneinander abheben und sich die persönlich gefärbte Aussage eines Künstlers als Möglichkeit noch kaum abzeichnet. Das Zeitalter der Mystik bringt vornehmlich durch die Marienminne, wie sie Bernhard von Clairvaux (1091–1153) gelebt und gepredigt hat, eine Fülle neuer marianischer Motive. An den Westportalen der Kirchen, die als Abbilder des himmlischen Jerusalems verstanden wurden, erscheint nunmehr im Tympanonfeld Maria als die porta coeli. »Dieses Tor soll zugeschlossen bleiben und nicht aufgetan werden, und soll niemand dadurch gehen; denn der Herr, der Gott Israels, ist dadurch eingegangen«, heißt es bei Ezechiel (44, 2). So auch lautet die Umschrift der um 1160 entstandenen ›Muttergottes des Dom Rupert‹[6], die das Lütticher Curtius-Museum aufbewahrt. Es ist eine der ersten uns bekannten Darstellungen der sogenannten ›Maria lactans‹, in der die Mutter dem Kinde die Brust reicht. Weit scheint der Weg zu sein, der von der Strenge der ›Sedes sapientiae‹, jener Darstellung, in der Maria zum Throne der menschgewordenen Weisheit wird, zu diesem innig-frommen Bildwerk führt, in dem die Gestalten von Mutter und Kind formal und geistig zur untrennbaren Einheit verschmelzen. Mit Recht hat man gesagt, daß hier in idealer Form die Adaption einer byzantinischen Vorlage durch den abendländisch-christlichen Geist vollzogen wurde. Gleicherweise wie Maria in dem Lütticher Relief als die porta coeli bezeichnet wird, deutet die porta clausa im Worte des Ezechiel auf ihre jungfräuliche Mutterschaft hin. So werden durch sie Alter und Neuer Bund miteinander verknüpft.

In der gesegneten Stilprovinz, die der Niederrhein durchfließt, entstand in der Mitte des 12. Jahrhunderts die *Siegburger Madonna* (Abb. 1; Kat.-Nr. 1). Man hat sie das vielleicht schönste Denkmal der niederrheinischen Hochromanik genannt. Flankiert von den Symbolzeichen zweier Evangelisten, hat ihr wohl ursprünglich als Gegenstück die Majestas Domini entsprochen. Wäre sie erhalten, die beiden zentralen Themen der romanischen Ikonographie hätten uns noch einmal in hoher Vollendung vor Augen gestanden. »Wer sich länger dem Eindruck der Siegburger Madonna hingibt, wird wunderbar angesogen und festgehalten von einer Macht, die jenseits alles Zufälligen wirkt und den Ausdruck des Ewigen gewinnt« (W. Pinder). Der Weg von hier bis zur Madonna des Bischofs Imad in ihrer an frühgriechische Koren erinnernden formalen Klarheit und plastischen Bestimmtheit läßt sich sehr wohl zurückverfolgen. Es ist ein Weg, auf dem sich das byzantinische Vorbild fast verbraucht hat, ohne das das Bild Mariens im Zeitalter der Romanik nicht denkbar wäre. – Mit der stehenden Muttergottes aus der Kölner Kirche St. Maria im Kapitol kommen wir ans Ende des 12. Jahrhunderts. Die Legende erzählt, daß der heilige Hermann Josef täglich dort seinen Schulweg unterbrochen habe, um vor der innig-schönen Mutter-Kind-Gruppe zu beten. Hier steht das Motiv mütterlicher Liebe im Mittelpunkt der Darstellung. Es ist die byzantinische Eleüsa, die zärtlich liebende, barmherzige Mutter, die den Bildhauer der Kölner Relieffigur inspiriert hat[7].

Das Zeitalter der Gotik ist ein marianisches Zeitalter. Sein umfassendes Leitbild der Notre Dame läßt sich nur unvollkommen mit der deutschen Bezeichnung ›Unsere Liebe Frau‹ übersetzen. Die Kathedralen der Ile de France sind Maria geweiht, ja unter ihrem Bild wird die Kirche personifiziert. Maria ist die Ecclesia, der sich Christus in den Tympanareliefs der großen Kathedralportale mystisch vermählt. Byzanz hat dieses Thema nicht gekannt. Betend neigt sich Maria dem göttlichen Sohne zu, der ihr mit der einen Hand die Krone aufs Haupt setzt. Es ist die Verherrlichung des Wortes: »Wer den Willen des Vaters tut, der ist meine Mutter.« Aber diese Marienkrönung ist nur der Höhepunkt eines riesigen marianischen Epos, das nun, in Stein gemeißelt oder im Edelsteinglanz der Fenster aufleuchtend, das Leben der Madonna verherrlicht. Nun auch wird sie Mittlerin, Fürsprecherin, wie sie am Trumeaupfeiler der Portale in einen Zwischenbereich herabsteigt, der den Menschen erreichbar ist. Und hatte die feierliche Strenge der Paderborner Imadmadonna noch den Vergleich mit archaischer Plastik nahegelegt, so drängt sich angesichts der hoheitsvollen Anmut und der mit Schönheit gepaarten Würde der Reimser Maria die Gegenüberstellung mit Werken griechischer Klassik auf.

Wer im Deutschland des 13. Jahrhunderts das Bild Mariens sucht, wird es im Strahlungsbereich der französischen Notre Dame finden. Doch gesellt sich ihr in der Bamberger Maria der Heimsuchungsgruppe eine herbe Standfestigkeit, in der Naumburger Muttergottes unter dem Kreuz ein Übermaß schmerzvollen Ergriffenseins, in der Madonna aus der Mainzer Fuststraße eine neue Eigenständigkeit der Faltenbewegung. Erlauben diese Skulpturen der Zeit zwischen 1230 und 1240 eine genaue Lokalisierung und Datierung, so läßt sich für die sogenannte *Aachener Madonna* des Kölner Schnütgen-Museums (Farbtafel 1; Kat.-Nr. 2) aus der Zeit um 1220–1230 nur sagen, daß ihr Meister irgendwo zwischen Köln und Lüttich gearbeitet hat. Damit aber werden der Name des Goldschmieds Nikolaus von Verdun und mit ihm die Meister von Chartres Süd und Nord sowie der Straßburger Ecclesiameister beschworen. Es gibt weniges, was sich diesem hoheitsvollen Werk innerhalb der Großplastik vergleichen ließe. Man muß schon auf die silbergetriebenen und vergoldeten Madonnen der Aachener und Kölner Schreine verweisen, will man ›Schwestern‹ der Aachener Madonna finden.

In der *Thronenden Muttergottes* (Abb. 2; Kat.-Nr. 3), die im 1. Viertel des 13. Jahrhunderts in Köln entstand (um 1230?), gewinnt der Betrachter eine Ahnung von der Bedeutung der Fassung und Vergoldung, zu der sich stuckierte Borten und bunte Glasflüsse gesellen. Zahllose mittelalterliche Plastiken haben im vorigen Jahrhundert den Glanz ihrer Farben verloren und sind uns nur mehr in ihrem Holzkern erhalten. Doch gerade durch die Verwendung kostbarer Farben, durch den Glanz von Gold und Silber sollte die Vorstellung der Verklärung erweckt werden, die im Betrachter das Evangelistenwort hervorrief, daß das Bildwerk ein Abglanz der Seligkeit sei, in der die Gerechten »gleichgestaltet dem Leib seiner himmlischen Herrlichkeit« sind. Doch noch eine weitere Eigenart zeichnet die thronende Kölnerin aus. Ihr lächelndes Antlitz, ihre ›Bürgerlichkeit‹ weisen voraus auf die kölnischen Sitzmadonnen des 14. Jahrhunderts. Damit ist eine lokale Sonderheit angesprochen, die stellvertretend steht für die Eigenheiten einzelner Städte und Kunstprovinzen. Bis in die Zeit Karls des Großen reichen die Anfänge der Kunsttopographie der deutschen Lande. So waren es die Bayern und Alemannen im Süden, in der Mitte dieser östlichen Reichshälfte die Franken, Sachsen und Thüringer im Norden, die zur Ausprägung der deutschen Stilprovinzen entscheidend beitrugen. Doch wird man auch die erst später fixierten Grenzen der deutschen Erzdiözesen in ihrer Bedeutung für die Sonderheit einzelner Kunstprovinzen nicht gering einschätzen dürfen. Karl der Große war es, der den vier Erzdiözesen Köln, Trier, Mainz und Salzburg ihre Gestalt gab, zu denen sich im Zeitalter Ottos I. die mitteldeutschen Diözesen gesellen. Endlich sind es einzelne Städte, von denen im Mittelalter eine unerhörte künstlerische Strahlungskraft ausgegangen ist. In den Rheinlanden war es die Domstadt Köln, in der Diözese Konstanz die freie Reichsstadt Ulm. Im späteren Mittelalter beginnt die Blüte Nürnbergs. Das benachbarte Würzburg zeigt, wie durch einen einzelnen Großen, Tilman Riemenschneider, eine ganze Epoche bestimmt werden kann. Doch Künstlernamen lassen sich nicht immer allein mit einer einzigen Stadt verknüpfen. Viele Bildschnitzer sind gewandert, und ihre Spur hat sich tief in die Geschichte der mittelalterlichen Kunstprovinzen eingezeichnet: Der Weg des Nikolaus von Verdun am Ende des 12. Jahrhunderts aus den Maaslanden nach Wien und von dort nach Köln und gegen Ende seines Lebens zurück nach Tournay, die Wanderung der Parlerfamilie von Köln und Schwäbisch-Gmünd zum Prager Hof Karls IV., die Straße, auf der Nikolaus Gerhaert von Leyden aus seiner niederländischen Heimat über Trier an den Oberrhein nach Straßburg und endlich nach Wien wandert[8]. Erst als eine andersgeartete ›individuelle‹ Frömmigkeit an die Stelle romanischer Strenge getreten war, beginnt sich die Stammeseigenart der einzelnen Landschaften durchzusetzen. Jetzt entwickeln Bayern und Alemannen, Sachsen, Thüringer, Franken und andere Volksstämme ihren eigenen künstlerischen Dialekt, der es erlaubt, von einer ›schwäbischen‹, ›mittelrheinischen‹ oder ›westfälischen‹ Madonna zu sprechen. In den deutschen Landschaften wird das Bild der Gottesmutter neu geprägt, um Maria zu ehren und sie gleicherweise heimisch werden zu lassen als ›Unsere Liebe Frau‹ von Köln, Nürnberg oder Ulm. Es versteht sich, daß die Grenzen fließend sind und die Wanderschaft eines großen Einzelnen, die Verehrung eines Gnadenbildes oder die Ausbildung eines bestimmten Andachtsbildtyps die Kunsttopographie entscheidend bestimmen kann.

Unsere Betrachtung kehrt in das Köln des frühen 14. Jahrhunderts zurück. Die herrliche *Stehende Muttergottes* des Schnütgen-Museums (Abb. 3; Kat.-Nr. 7) verkörpert jenen hohen Adel, der ein Erbteil der französischen Madonnen des 13. Jahrhunderts ist. Im Gegensatz zur thronenden Maria der Romanik ist die stehende Madonna das zentrale Motiv des 13. Jahrhunderts. Auch hier war Byzanz mit der ›Hodegetria‹ vorangegangen. Ihr Name leitet sich vom Standort des berühmten Urtyps dieses Bildwerks ab, das als ›Wegweiserin‹ ungezählte Male in kleiner Form wiederholt wurde. Dies ist ein Vorgang, dem wir noch häufig begegnen werden; man versichert sich der Kraft und Gnadenfülle

1 ▷

2

3 ▷

4

5 ▷
6 ▷ ▷
7 ▷ ▷ ▷

eines berühmten Gnadenbildes, indem man es nachbildet. Die französischen Figuren Mariens mit dem Kind haben freilich nur noch das Standmotiv mit dem byzantinischen Kultbild gemeinsam. Wenig nach der Mitte des Jahrhunderts entsteht am Mittelpfeiler des Südportals der Kathedrale Notre Dame in Amiens die wegen der früheren reichen Vergoldung als ›Vierge d'orée‹ bezeichnete Maria mit dem Jesuskind. In den Arkadenreliefs des pfeilerartigen Sockels erscheinen die Bilder von Propheten und Sibyllen, ein Hinweis auf die Adventszeit, in der man auf das Kommen des Erlösers harrte und die tiburtinische Sibylle dem Kaiser Augustus die Herrschaft des Gottessohnes offenbarte. Getragen von den großen Impulsen der Reimser Kathedralplastik des sogenannten Josephsmeisters, steht Maria hier in ungezwungener Haltung. Ihr lächelndes Gesicht ist dem Kind zugewandt. Eine Krone weist sie als Himmelskönigin aus. Es mochte das nun ganz bildbestimmende Mutter-Kind-Motiv sein, das sich doch so zwanglos mit hoher Würde und geistigem Adel verband, daß ganze Geschlechter späterer Bildhauer hier das marianische Ideal der hohen Gotik verkörpert sahen.

Zwei Generationen später erreicht die Auseinandersetzung mit den französischen Vorbildern in Köln mit der sogenannten Mailänder Madonna einen Höhepunkt. Sie steht vor dem Mittelpfeiler der ehemaligen Sakristei und jetzigen Sakramentskapelle des Domes und wurde vom gleichen Meister geschaffen, der die Figuren für die Chorpfeiler gemeißelt hatte. Sie hat eine Vorgängerin gehabt, die Erzbischof Reinald von Dassel mit den Reliquien der Heiligen Drei Könige 1164 von Mailand nach Köln übertragen ließ. Hier wird deutlich, wie jede Zeit sich die ihr gemäße Vorstellung Mariens geschaffen hat und dabei bereit war, durch Tradition geheiligte Werke zu opfern. Das Körperliche ist hier noch weiter zurückgedrängt. Eine abstrakte Stilisierung führt zur starken Vergeistigung der Form. An die Stelle des festen Stehens, wie es für die Bamberger Maria so charakteristisch war, tritt das gewichtlos Schwebende. Die Körperformen sind einem übergeordneten Formenkanon eingebunden, die berühmte S-Kurvatur bestimmt die Haltung. Unmittelbare Verwandtschaft ergibt sich zu der etwa 30 Jahre früher entstandenen inneren Portalmadonna

◁ 8

des Freiburger Münsters. Der Meister der Mailänder Muttergottes hat in seiner Plastik in Holz übertragen, was in den Kölner Chorfiguren in Stein ausgesagt worden war. Dort erscheinen, umgeben von den zwölf Aposteln, Jesus und Maria. Sie sind die Achsenfiguren über dem Hochaltar, Braut und Bräutigam, die sich, wie Rupert von Deutz sagt, im Gespräch liebend zugetan sind. Wahrscheinlich ist in diesem Figurenzyklus das alte Motiv der Marienkrönung in eigenartiger Weise abgewandelt worden. Maria erscheint zur Rechten Christi gemäß der Aufforderung Salomons, der seine Mutter bittet, zu seiner Rechten zu sitzen. Dieser mariologische Zyklus wird von einer gewaltigen geistigen Konzeption übergriffen, aus deren Ganzheitlichkeit sich der Zyklus Christi mit Maria und den Aposteln nicht herauslösen läßt[9]. Noch die *Muttergottes vom Friesentor* (Farbtafel 7; Kat.-Nr. 13) knüpft an die richtungweisenden Skulpturen der Dombauhütte und hier vornehmlich an die Plastiken des Petrusportales an. Die *Muttergottes* der ehem. Sammlung Seligmann in Lugano (Abb. 10, 11; Kat.-Nr. 14), »wohl das schönste gotische Werk, das die Kölner Kunst geschaffen hat« (P. Bloch), übersetzt die monumentale Friesentor-Madonna in minuziöse, differenzierte kleine Form.

Bis hierher hat unsere Betrachtung erwiesen, daß die großen Mariendarstellungen der deutschen Kunst des hohen Mittelalters in der Auseinandersetzung mit dem Marienbild der französischen Kathedrale entstanden sind. Am Beispiel des Vesperbildes wird sich nunmehr zeigen, wie die Entwicklung des marianischen Andachtsbildes im 14. Jahrhundert zu den großen Sonderleistungen der deutschen Kunst gehört. Es ist die Zweiheit Mariens und Christi: »keine eigentliche Beweinung mehr, kaum Klage; vielmehr ein schmerzvolles, doch beherrschtes Versunkensein, eine stumme, einsame Zwiesprache zwischen Maria und dem toten Kinde, das schmerzvolle Gegenbild zu dem gewohnten der lieblichen jungen Mutter« (Passarge-Dehio). Im klösterlichen Tagesablauf war die Vesper der Betrachtung der Kreuzabnahme und Beweinung vorbehalten. So erklärt sich die Bezeichnung Vesperbild. Zusammen mit der Christus-Johannes-Gruppe, dem Schmerzensmann, der Schutzmantelmadonna und dem Heiligen Grab gehört sie zu jenen plastischen Schöpfungen aus mystischem Geist, die nicht mehr in der Bindung an den liturgischen Dienst am Altarraum stehen und vom offiziellen Kultus »mehr geduldet als gefordert« wurden. Ihre besondere Bedeutung hat man in der Tatsache erblickt, daß sie die frühesten Beispiele individueller freier Erfindung innerhalb der kirchlichen Kunst des Mittelalters sind, gelöst aus jeglicher geschichtlichen Bindung, allein dem Gefühl zugänglich. Die Szene des letzten Abschieds der Mutter von ihrem Sohn war, wie Pinder[10] nachgewiesen hat, in der lyrischen Dichtung vorgebildet und »durch innere Weiterwanderung einer Form aus der Tiefe des Lyrischen an die Vorderfläche des Sichtbaren« getreten.

Jhesus uf siner mûter schos
Mit andaht man hie sol schowen
Das bitter liden unsere frowen
Und irs lieben kindes ellenden dot,
Jhesum mit sinen fúnf wunden rot,
Die och hant begebet den Grünenwert.

Von diesem Text war eine gemalte Darstellung der Marienklage im Memorialbuch des Straßburger Klosters Grünenwörth begleitet.

Ein neues unmittelbares Verhältnis des Menschen zur Religion wird hier sichtbar. So wie Meister Eckhard es ausgesprochen hat: »Ihr Menschen, was sucht ihr außer euch, was in euch ist: die Seligkeit?« Und mit dem jüngeren Eckhard ließe sich fortfahren: »Gott will das Gemüt haben, nicht die Gedanken.« Genau dies aber wird im Vesperbild anschaulich: die leidvolle Hingabe der Mutter in der unendlich behutsamen Neigung über den geliebten Toten, den zerschundenen und von Wunden entstellten Christus. W. Passarge[11] bezeichnet den Gehalt des Vesperbildes als Grundakkord deutscher Frömmigkeit: innig-zarte, geschwisterliche Seelengemeinschaft und das Miterleben des Leidens Christi. Man muß das Entstehen eines solchen Andachtsbildes vor dem Hintergrund seiner Zeit sehen. Es war ein Jahrhundert des Übergangs, in dem sich der Weltuntergang in Form ägyptischer Plagen anzukündigen schien. 1337 überfallen unübersehbare Heuschreckenschwärme das Land und bringen Hungersnot mit sich. 1342, das Jahr der Überschwemmungen, und wenig später Furcht verbreitende Erdbeben. Und dann bricht 1348 die Pest, der ›schwarze Tod‹, aus. Geißler und Flagellanten ziehen durchs Land. Ihre öffentlichen Kasteiungen und die Hysterie ihrer Gebetsübungen und Lieder sind extremer Ausdruck religiöser Leidenschaft. In dieser Zeit entsteht das Vesperbild, in dem sich die eigene Not, das eigene Leid spiegelt und Christus auf dem Schoß seiner Mutter dargestellt wird, wie Jesaia ihn geschildert hat: »kein Ansehen und keine Schönheit war an ihm, ein Mann der Schmerzen und der Niederste der Menschen«. Bewußt erscheint Christus im Verhältnis zur Mutter meist klein gebildet, um das Kindhafte zu betonen, ein Zug der Nonnen-Mystik, denn es waren gerade die Frauenklöster, in denen sich die Vesperbilder besonderer Verehrung erfreuten. Und doch, welche Entfaltungsmöglichkeiten künstlerischer Individualität läßt dem Künstler in der ersten Hälfte des 14. Jahrhunderts ein solcher Bildtyp! Der Vergleich zwischen der Bonner *Pietà Roettgen* (Abb. 6, 7; Kat.-Nr. 5) und dem *Vesperbild* (Farbtafel 5; Kat.-Nr. 11) der Sammlung Ludwig im Aachener Suermondt-Museum beweist es. Hier der namenlose, ungebändigte Schmerz, unsagbares Grauen und höchstes Pathos des Leidens, dort die verinnerlichte Zwiesprache, der lautes Klagen fremd ist. Der eine Bildschnitzer, ein mittelrheinischer Meister, der den deutschen Wesenszug herber Dramatik und unmittelbarer Aussage, wie wir ihm in Plastiken der Mitte des 13. Jahrhunderts begegneten, auf die Stilstufe der Zeit um 1300 überträgt, dort der Alemanne(?), der in Italien gewesen sein muß und in Assisi vielleicht die Fresken Lorenzettis studiert hat.

Doch was die Menschen empfunden haben, die sich das Vesperbild als Ausdruck religiöser Inbrunst erschufen, wird nirgends deutlicher als in dem alten rheinischen Marienlob:[12]

Trauert, Erde, Himmel! Weinet,
meiner Trauer euch vereinet,
seht ihr sterben und verderben,
der das ganze Weltall schuf.
Sonne, Mond und Sterngeschmeide,

trauert mit im schwarzen Kleide,
ihr sollt mit mir traurig sein.
Leget weg den schönen Schein,
weiht dem Toten Klageruf!

Erbebet, Felsen, zerspringet, Steine!
Alles soll schmelzen, alles soll klagen!
Könnt ihr ertragen,
daß Gottes Sohn tot,
ihr, die wurden durch sein Gebot?

Tag und Stern', alle beide
sollet vor Leide
verhüll'n euer Licht,
daß ihr die wunderbaren
Augen im Tod erstarren
müßt sehen nicht!

Ehrwürdig Kreuz, du edler Stamm,
du bist gebenedeit:
der Blutstrom meines Lieben kam
und hat dich geweiht.

Williges Kreuz, nun beug' deine Arme,
neige dich zu mir nieder,
der Mutter des Herrn dich erbarme,
gib ihn mir wieder!

Deinen großen Schatz laß uns teilen –
so Teures gib ohn' Verweilen!
Den toten Leib gib du mir,
das heilig Blut bleib' an dir,
so sind wir beide reich.

Auch der Meister der maasländischen *Annaselbdrittgruppe* (Abb. 8; Kat.-Nr. 8) aus der Zeit um 1320–1330 hat wohl seine Anregungen als ein Wandernder in Frankreich empfangen. Er mag die um 1290 entstandene Madonna des nördlichen Querschiffportals der Pariser Notre Dame gesehen haben, bevor er vielleicht in Lüttich unsere für diese Zeit ungewöhnliche Darstellung der Mutter Anna mit Maria und dem Christuskind schuf. Noch eignen der Mutter Anna nicht jene matronenhaften Züge, wie sie in späterer Zeit in mitunter treuherziger Wiedergabe gerne dargestellt werden. Nur das Kopftuch mit dem Kinngebände deutet auf den Stand der verheirateten Frau hin. Die Gesichter von Mutter und Tochter sind von schicksalloser Jugend. Während es sich bei den späteren Gruppen der Mutter Anna mit dem Christusknaben meist um Sitzfiguren handelt, hat man hier das Großmutter-Mutter-Kind-Motiv in einer Standgruppe dargestellt. Vermutlich wird man die im Mittelalter so häufigen Annaselbdrittgruppen mit der unbefleckten Empfängnis Mariens in Verbindung bringen dürfen, denn häufig hat man sie mit folgendem Gebet versehen: »Ave gratia plena, Dominus tecum, tua gratia sit mecum, benedicta tu in mulieribus et benedicta sit Sancta Anna, mater tua, ex qua sine macula et sine peccato processisti, Virgo Maria; ex te autem natus est Jesus Christus, filius Dei vivi. Amen.« Späterhin wird die Annaselbdrittgruppe mitunter zur *Heiligen Sippe* (Abb. 36, 37; Kat.-Nr. 39) erweitert, wie sie die selige Coletta Boilet (1408) in einer Vision gesehen haben soll. Diese Darstellungen sind der Verwandtschaft Mariens (die heilige Anna mit ihren drei Männern, mit ihren Töchtern, Schwiegersöhnen und Enkeln) gewidmet. Um Maria und Anna gruppieren sich die Frauen mit ihren Kindern, während die Männer dahinter stehen.

In der deutschen Großplastik des 13. Jahrhunderts war der Typ der Maria unter dem Kreuz in monumentaler Form ausgebildet worden, sei es, daß man dem Kreuz am Lettnerdurchgang, wie in Naumburg, die Mutter und den Lieblingsjünger gesellte, sei es, daß man die Kreuzigungsgruppe, wie in Halberstadt oder Wechselburg, auf einen Querbalken hoch im Triumphbogen einer Kirche erhob. Genauso hat man sich die *Maria von einer Kreuzi-*

gungsgruppe vorzustellen, die im 2. Viertel des 14. Jahrhunderts in der Bodenseegegend entstand (Farbtafel 4; Kat.-Nr. 10). Aber auch hier war nicht nur die historische Golgathastunde dargestellt. Vielmehr hat man in der unter dem Kreuz stehenden Maria, wie es Isidorus von Sevilla bezeugt, die Personifikation der heiligen Kirche zu sehen. Mag dies auch für andere Darstellungen des Marienlebens zutreffen, so ist es doch nirgends so bewußt gemeint wie in dieser traurigsten Stunde, in der selbst Petrus seinen Meister verleugnete. Gemäß der Auffassung, daß die Kirche aus der Seitenwunde Christi geboren wurde, hat man immer wieder diese Wunde rechts angebracht, an *der* Seite, an der Maria-Ecclesia stand.

Am Beispiel der *Muttergottes in der Sonne* (Abb. 12; Kat.-Nr. 15) läßt sich dartun, wie gerade das 14. Jahrhundert alte, geprägte Typen neu formuliert. Wer möchte angesichts der liebreizenden zarten Gruppe noch an die Worte des Apokalyptikers denken, die unserem Werk wohl zugrunde liegen: »Ein großes Zeichen erschien am Himmel: Ein Weib, mit der Sonne umkleidet, den Mond unter ihren Füßen und eine Krone von zwölf Sternen auf ihrem Haupt. Sie war gesegneten Leibes und schrie in ihren Wehen und Geburtsschmerzen« (Apk. 12, 1–2). Maria, die dem Lieblingsjünger und Verfasser der Apokalypse unter dem Kreuz anvertraut worden war, ist das Vorbild für diese Vision. »Das große Weib ist die Maria-Kirche, die schon eingegangen ist in ihren Himmelsglanz und doch noch unterwegs ist zu ihrer Vollendung, gnadenvolle Königin und leidende Mutter in einem« (H. Rahner). In der kleinen Kölner Gruppe ist die Beziehung Mariens zum apokalyptischen Weib in der Sonne angesichts des kreisenden Flammenkranzes besonders anschaulich, doch werden wir auch bei vielen anderen Figuren in der Mondsichel, über der Maria steht, einen Hinweis auf das Apokalypsenmotiv finden.

Das Germanische Nationalmuseum in Nürnberg bewahrt eine eigenartige Bildschöpfung, die ein zweites Mal in einer Gruppe des ehemaligen Breslauer Kunstgewerbemuseums vorkommt: Die Muttergottes auf dem Löwenthron. In diesen schlesischen Plastiken der Zeit um 1370–80 ist Maria der Thron des aus ihr Mensch gewordenen Gottes. Sie hat ihr Vorbild im ›Thron‹ Davids. So ist Maria hier zuerst Thronsitz des Christuskindes, des Sohnes Davids, des wahren Salomo. An Stelle der je sechs Löwen, die den salomonischen Thron, die zwölf Stämme Israels und die Propheten symbolisieren, sind hier zwei Löwen getreten, auf deren Häuptern zwei Engel knien. So wird anschaulich, was der Verkündigungsengel verheißen hatte: »... Siehe, du wirst empfangen und einen Sohn gebären.... Gott der Herr wird ihm den *Thron seines Vaters David* geben, und er wird herrschen im Hause Jakob in Ewigkeit...«[13]

Ein weiteres hier vorgestelltes Werk repräsentiert einen Bildtyp, der, dem oben beschriebenen verwandt, vornehmlich in Ostdeutschland seit 1330 häufig vorkommt und uns hier in einer Salzburger Variante aus dem letzten Drittel des 14. Jahrhunderts vor Augen steht: Die *Löwenmadonna* (Abb. 9; Kat.-Nr. 16). Schon im 13. Jahrhundert erscheint in einem Monumentalbildwerk des Magdeburger Domes die Madonna auf Aspis und Basilisk, so wie es der 91. Psalm schildert: »auf Löwen und Ottern wirst du gehn und treten auf junge Löwen und Drachen«. Der Wiener Dominikanermönch Franz von Reetz (1385–1411) beschreibt den Zusammenhang der Löwendarstellung mit Maria mit den Worten: »Gleich wie der Löwe durch sein Gebrüll die Jungen zum Leben erweckt, hat Maria dem Herrn das menschliche Leben gegeben.« Wahrscheinlich stellt die kleine Gruppe der Löwenmadonna gleich ihrer ›Schwester‹ im Bayerischen Nationalmuseum den Reflex eines berühmten Gnadenbildes dar. Man wird die Bedeutung solcher Gnadenbilder für Kunst und Kult des Mittelalters gar nicht hoch genug einschätzen dürfen. Denn immer wieder begegnet man Nachahmungen von Gnadenbildern. Auch die um 1430–1440 entstandene *Maria im Ährenkleid* (Farbtafel 13; Kat.-Nr. 27) ist formgewordene Erinnerung an ein solch untergegangenes Gnadenbild, das, in Silber getrieben, zu Ende des 14. Jahrhunderts im Mailänder Dom aufgerichtet wurde. In ihm spiegelte sich die Schönheit Mariens, wie sie im Evangelium des Pseudo-Matthäus beschrieben wird: »Die Jungfrau ist so schön, daß man den Glanz ihres Anblicks fast nicht ertragen kann, sie ist so ernst, daß ihre Gefährtinnen es kaum wagen, in ihrer Gegenwart zu lachen oder laut zu sprechen, sie ist so rein, daß die Engel vom Himmel herabsteigen, um sich mit ihr zu unterhalten und ihr Nahrung zu bringen.«[14] Dies aber ist »Maria als Tempeljungfrau«, wie wir ihr in der mittelalterlichen Literatur bei Vincenz von Beauvais, Jacopo da Voragine und Ludolf von Sachsen begegnen[15]. Wir erfahren, daß Maria von ihrer Opferung bis zu ihrer Vermählung dem Herrn im Tempel zu Jerusalem gedient habe. Sie ist die Braut Gottes, und die Ähren, die ihr Kleid schmücken, bezeichnen sie als den Acker, der ausersehen war, heilige Frucht zu tragen. »Electa ut sol, pulchra ut luna« heißt es im Hohen Lied, ein Vers, der in einer späteren Nachformung des Mailänder Gnadenbildes am Gürtel Mariens zu lesen ist[16]. Hier ist der Hinweis auf den Sonnenkragen gegeben, der die lichtvolle Gestalt schmückt.

Mit der minniglichen steiermärkischen Maria im Ährenkleid haben wir eine Kunstlandschaft betreten, die entscheidend zur Ausprägung eines der schönsten Bildtypen des späten Mittelalters beigetragen hat: der ›Schönen Madonna‹ um 1400. Ihr Name »deckt einen Typus von unüberbietbarer Feinheit und Holdheit, zierlich im Maßstabe, reich in der Form, juwelenhaft in der Bemalung; Kabinettskunst offenbar für Privatandacht erlesener Menschen, deren Geschmack die letzte Höhe einer sehr europäischen Epoche gewonnen hat« (W. Pinder)[17]. Bestimmt von einer lyrischen Grundtonart, einem neuen, der Reliefhaftigkeit des frühen 14. Jahrhunderts fremden Gefühl für Masse, der Vierge d'orée von Amiens verwandter als der Mailänderin des Kölner Domes, steht sie vor uns, ein kaum erklärbares Phänomen, scheinbar voraussetzungslos, gleich heimisch in allen großen Kunstprovinzen Mitteleuropas. Ist die Schöpfung dieses Typs wirklich das Werk jenes großen Unbekannten, der, aus dem Rheingebiet kommend, in die Kolonialländer des deutschen Ostens zog, um in Breslau sein reifstes Werk zu schaffen, wie Karl Heinz Clasen gemeint hat[18]? Oder ist der Südosten, seit den Tagen Karls IV. eine den großen internationalen Strömen weit geöffnete Kunstprovinz (vgl. die *Thronende*, ehem. Sammlung Schwartz, aus der Zeit um 1360–1370; Farbtafel 6; Kat.-Nr. 12), die Heimat des Bildtyps? Ist nicht der Künstler, sondern das Werk gewandert, so die landschaftliche Eigenart der salzburgischen, rheinischen, der norddeutschen Schönen Madonna erklärend? Die Salzburger Ausstellung des Jahres 1965, die unter dem Titel ›Schöne Madonnen‹ die charakteristischsten erreichbaren Beispiele versammelt hatte, ließ Salzburg als eines der großen Zentren der Kunst um 1400 anschaulich werden[19]. Man wird jedoch mit Theodor Müller sagen können, daß die frühen Werke dieses Bildtyps im Städtedreieck Prag–Wien–Salzburg beheimatet waren. Bevorzugt hat man einen feinstrukturierten Kalkstein oder ein künstlich hergestelltes, in der Oberflächenstruktur ähnliches Steingußmaterial verwandt. Nach zwei Hauptwerken hat man zwei große Gruppen unterschieden: die nach der Krumauer Maria der Wiener Staatsgalerie benannten Madonnen, bei denen die Mutter das Kind über dem Standbein trägt, während bei der Thorner Gruppe, deren Leitbild in der Johanniskirche zu Thorn steht, der Jesusknabe über der Spielbeinseite getragen wird. Solch grobe Unterscheidungen sagen freilich wenig über den Geist eines Werkes aus, sie sind Ordnungsbegriffe und brauchbar, um jener Fülle an Schönheit einen Platz in formgeschichtlichen Kategorien anzuweisen. Sicherlich hat Pinder[20] richtig beobachtet, wenn er in den zartbeseelten Gnadenbildern südböhmischer Malerei – man denkt an Goldenkron und Hohenfurth – entscheidende Anregungen für Madonnen nach Art der Schönen aus der Breslauer Magdalenenkirche oder der Krumauerin gesehen hat. Man wird ihm auch folgen können, wenn er bei den hochgezogenen Brauen, den leicht geschlitzten Augen in breitem Gesicht unter hoher Stirn an slawische Modelle gedacht hat. Die *Madonna Thewalt* des Bonner Rheinischen Landesmuseums (Abb. 13; Kat.-Nr. 17) ist im weichen Fluß der Formen, der melodischen Schwingung der Falten, die von der weiten Schüssel bis hin zu den charakteristischen Haarnadel- und Schleppfalten reichen, der feinen Biegung des Körpers und der »betäubenden Süßigkeit des Ausdrucks« ein ganz typisches und stilbildendes Werk ihrer Epoche. Daß sich auch der Norden dieser ganz Mitteleuropa umfassenden Liebe zu den Schönen Madonnen nicht hat entziehen können, beweist die *Marienfigur* des Johannes Junge (Abb. 18, 19; Kat.-Nr. 25) in ihrer »nordischen Keuschheit und lieblich-trockenen Strenge«.

Sehr viel stärker dem südöstlichen Vorbild der Thorner Madonna verpflichtet ist hingegen die Danziger Schöne Madonna. Ihr Meister, der für die Marienkirche noch die ergreifende Pietà geschaffen hat, ist vielleicht ein Wanderkünstler gewesen, der aus dem Heimatgebiet der Schönen Madonnen ihren melodischen Liebreiz in den Nordosten getragen hat.

Man hat gestritten, ob auch Oberitalien seinen Beitrag zur Ausbildung der Schönen Madonna geleistet habe, hat auf Pisano und Ghiberti und auf Donatellos Pazzimadonna verwiesen. Daß freilich die Düsseldorfer *Schöne Madonna* (Farbtafel 8; Kat.-Nr. 18) aus einem venezianischen Kloster stammt, ist mehr oder minder zufällig. Ihre Herkunft aus einer Salzburger Werkstatt erhellt schon aus ihrer Verwandtschaft zur berühmten Salzburger Franziskanermadonna[21]. Schwesterlich verwandt, doch ein wenig später entstanden, eine Madonna ehem. in rheinischem Privatbesitz (Farbtafel 10; Kat.-Nr. 20), auch sie Salzburgerin edelster Abstammung. Den meisten der Schönen Madonnen ist das Apfelmotiv eigen. Maria, die sponsa verbi, reicht als Braut des Gottessohnes ihrem Bräutigam, Christus, das Liebessymbol. Aber auch hier wieder ist Maria als zweite Eva gefeiert, mit Christus, dem zweiten Adam, in bräutlicher Liebe verbunden und seine Helferin im Erlösungswerk[22], so wie die heilige Birgitta von Schweden in ihren um 1350 niedergeschriebenen Offenbarungen die Gottesmutter sprechen läßt: »Wie Adam und Eva die Welt sozusagen für einen Apfel verkauft haben, so haben mein Sohn und ich die Welt sozusagen mit *einem* Herzen erlöst.«[23] Und wie Maria zuerst ihrem Kind den Apfel reicht und es der erlösten Menschheit, der Kirche, darbietet, geht die theologische Aussage der Schönen Madonnen in die Schau des heiligen Ambrosius über, nach welchem Christus der Apfel ist, der die Kirche labt[24].

Nicht nur im Typ der stehenden Madonna hat das erste Drittel des 15. Jahrhunderts seine Spuren in der Geschichte der europäischen Skulptur zurückgelassen; auch in der Neuformulierung der Pietà, der minniglichen Rosenstrauchmadonna, der ›Maria in der Hoffnung‹, in deren gesegnetem Leib das Jesuskind in einem Glorienschein sichtbar wird, der Maria am Spinnrocken, vornehmlich jedoch der Schutzmantelmadonna schafft sich der weiche Stil inhaltlich wie formal seinen charakteristischen Ausdruck.

Im schönen Beispiel der *Schutzmantelmadonna* aus dem Aachener Suermondt-Museum (Abb. 16, 17; Kat.-Nr. 22) erfährt der Typ seine reife Ausprägung. Ihm liegt das früheste außerbiblische Mariengebet zugrunde: »Unter deinen Schutz und Schirm fliehen wir, o heilige Gottesgebärerin! Verschmähe nicht unser Gebet, sondern erlöse uns jeder Zeit aus allen Gefahren.« Schon das 14. Jahrhundert hat die Mantelmadonna gekannt, doch erst die Zeit des weichen Stils macht sie in den Herzen der Menschen ganz heimisch, denn nun sind es nicht mehr nur Auserwählte, die ihr ausgebreiteter Mantel umfängt, neben den vom Papst angeführten Vertretern des geistlichen Standes und den durch den Kaiser empfohlenen Repräsentanten der weltlichen Gewalt erscheinen auch einfache Pilger unter den Schutzbefohlenen Mariens. Wie sehr das 15. Jahrhundert die Schutzmantelmadonna geliebt hat, bezeigt die oberschwäbische *Maria als Mutter des Erbarmens* (um 1480; Farbtafel 17, Abb. 29; Kat.-Nr. 34) der Ehem. Staatlichen Museen in Berlin. Ihren Mantel weit öffnend, bietet sie hilfesuchenden Männern und Frauen in geistlicher und weltlicher Tracht Schutz in der Fülle ihres Gewandes. Es ist dies eines der seltenen Beispiele, in denen Maria ohne das göttliche Kind dargestellt wird. War es bei der Aachenerin aus der Zeit um 1420 noch das Kind gewesen, das mit seiner linken Hand das Gewand der Mutter um die Bedrängten gelegt hatte, so ist es nun die hoheitsvolle Gestalt Mariens allein, die huldvoll um die ganze Menschheit ihren Mantel breitet. Die Berliner Schutzmantelmadonna war wohl die zentrale Gestalt aus dem Schrein des Hochaltars der Pfarrkirche zu Ravensburg. Wäre er in seiner Ganzheit erhalten, er würde uns helfen, das Wunder des Blaubeurener Hochaltares Gregor Erharts in den Jahren 1493 und 1494 (s. u.) zu erklären.

Noch einmal kehren wir in die Salzburgische Kunstmetropole des frühen 15. Jahrhunderts zurück und verweilen vor der *Madonna,* die zwischen 1412 und 1433 für den Altarschrein *des Benediktinerklosters Seeon* im Chiemgau geschaffen wurde und heute zu den Hauptwerken des Münchener Bayerischen Nationalmuseums gehört (Farbtafel 9, Abb. 14; Kat.-Nr. 19). Die hoheitsvoll Thronende wie auch das Kind auf ihrem Schoß sind durch Blick und Gebärde ganz auf den Betrachter bezogen. Hier wird deutlich, was er jetzt bedeutet. Denn nunmehr verlangt die mittelalterliche Plastik, um ihre volle Realität zu gewinnen, nach dem Partner, der den Blick der Mutter und des Kindes erwidert, der die unsichtbaren Kraftlinien reflektiert, die von den Augen des himmlischen Paares ausgehen. Auf ihn allein ist das Motiv des demonstrativ von der Mutter gehaltenen Apfels bezogen, er allein soll die Stelle im Buch des Lebens lesen, auf die das Kind hinweisend den Finger legt. Die makellose Fassung der Seeonerin läßt erkennen, um welch unwiderbringliche Schönheit uns in tausendfacher Weise die Purifizierungssucht des vorigen Jahrhunderts betrogen hat. Die breit thronende Seeonerin, auch sie Beispiel, wie verehrte Gnadenbilder die Bildschnitzer wieder und wieder zu Nachahmungen und Abwandlungen gereizt haben, beschwört noch einmal jene anscheinend problemlose Schönheit, in der sich ganz Europa zu Beginn des 15. Jahrhunderts in der Verehrung Mariens verbunden weiß. Das *Dornstädter Altärchen* (Farbtafel 12; Kat.-Nr. 24), ulmisch, um 1420, führt, wenn auch in kleinem Maßstab, den unversehrten Form- und Sinnzusammenhang eines Altarwerks vom Beginn des 15. Jahrhunderts vor Augen. Maria mit dem Kind, die Heiligen Barbara und Katharina finden sich in stillem Beieinander »von einem leisen Fluß ebenmäßiger Bewegung« durchströmt, zu einer deutschen Sacra Conversazione zusammen. Untrennbar sind Plastik und Malerei miteinander verbunden. Der Wohllaut der Farben, der auf den Flügelbildern mit der Anbetung der Könige und Maria, die am ungeteilten Rock Christi spinnt, anklingt, setzt sich in der makellos erhaltenen Fassung der Figuren, dem Glanz der goldenen Gewänder vor dem goldgestirnten Blau des Grundes fort.

Das holde Melos des weichen Stils ist verklungen. Der lyrische Bewegungsfluß ist verströmt, eine Zeit hebt an, die man auch die dunkle genannt hat. Es sind cum grano salis die Jahre zwischen 1430 und 1470. Zwar wird man in Jakob Kaschauers 1443 geschnitzter Madonna des ehemaligen Freisinger Hochaltares die Erinnerung an die Schönen Madonnen noch lebendig finden, doch spürt man auch, wie der auf dem Bauche strampelnde Knabe aus der »alten, holden Eingefangenheit des Kindes im Gesamtumriß« nunmehr ausbricht in lebendiger Bewegung[25]. Konsequenter scheinen in der Madonna der Passauer Severinskirche aus der Mitte des Jahrhunderts die alten Formen zertrümmert, werden die weichen Faltenschwünge jetzt brüchig, straffen sich die Proportionen, ergreift eine eigenartige Verfremdung die Gruppe, aber auch das innere Verhältnis der Mutter zum Kind[26]. Doch wie einseitig es wäre, von diesem einen Bildwerk auf die ganze Generationslage der Mitte des 15. Jahrhunderts zu schließen, zeigt Multschers Sterzinger Marienaltar, der uns leider nicht in seiner Ganzheit erhalten ist. Am 9. Januar des Jahres 1456 hatte ein Vertreter der Sterzinger Pfarrgemeinde Hans Multscher in Innsbruck getroffen, um mit ihm den Kontrakt für den Altar aufzusetzen. Zweieinhalb Jahre später wird er aus der Ulmer Werkstatt nach Sterzing überführt[27]. Die heutige Aufstellung der von der einstigen Pracht übriggebliebenen Skulpturen im neugotischen Altarschrein gibt nur eine unvollkommene Vorstellung vom ursprünglichen Aussehen. Die Gestalten der Heiligen Barbara und Katharina übertrifft Maria noch an adeliger Schönheit. Nichts mehr von den Spannungen und Manierismen der dunklen Zeit, eine Synthese aus Königtum, Mütterlichkeit und Volkstümlichkeit. Traumbild und Wirklichkeit, Glück der Gegenwart und Ahnung des Kommenden haben sich miteinander verbunden. Dieses Marienbild hat weit ins Jahrhundert hinausgestrahlt. Noch 40 Jahre später wird Gregor Erhart in seinem Blaubeurener Hochaltar für die Gestaltung seiner Hauptfigur von Multschers Madonna des Sterzinger Altars ausgehen und damit neuerlich den Beweis erbringen, wie sehr ein einzelnes Werk einer ganzen Generation Richtung und Ziel weisen kann. Freilich darf man solche Bindungen nicht als Abhängigkeit verstehen. Man sollte darüber vor allem nicht die Andersartigkeit übersehen, mit der Erhart seine Figur stärker in die Breite hin entwickelt und dabei doch der gotischen S-Schwingung in der Bildung des Körpers nachgibt. Wie anders hält die Blaubeurenerin das Kind, um wieviel stärker strebt Erhart einen bildhaften Eindruck an, um wieviel bestimmter bindet er das Motiv der Mondsichel dem formalen Zusammenhang ein; und ein angebissener Apfel, in dem alle Kinderzähnchen ihre Spuren hinterlassen haben, wäre eben bei der Madonna aus Sterzing in ihrer statuarischen Feierlichkeit nicht denkbar. Wenn schon der große Ulmer Meister am Ende des Jahrhunderts sich zu Multscher hingezogen fühlt, um wieviel mehr mußten die weniger bedeutenden Künstler von ihm beeindruckt werden. Die *Maria* des Badischen Landesmuseums in Karlsruhe (Abb. 20; Kat.-Nr. 26) beweist es. Nach der Überlieferung stammt sie aus Meran, und vermutlich war es ein Tiroler Meister, der sie geschaffen hat. Er mag ein Generationsgenosse und Landsmann jenes Bildschnitzers gewesen sein, aus dessen Brixener (?) Werkstatt sich das Relief des *Marientodes* im Aachener Suermondt-Museum erhalten hat (Abb. 26, 27; Kat.-Nr. 30). Es war dies offensichtlich der Flügel eines großen Marienaltars, in dessen Mittelschrein vermutlich die Verherrlichung der Gottesmutter gefeiert wurde. Gegen Ende des 13. Jahrhunderts berichtet Jacobus da Voragine in seiner ›Legenda Aurea‹, wie Maria in der Sehnsucht, ihren göttlichen Sohn wiederzusehen, ein Engel erschien, der der Jungfrau einen Palmzweig reichte, den man vor ihrer Bahre hertragen sollte. Nach drei Tagen, so lauteten die Worte des Engels, würde sie sterben und in den Himmel aufgenommen werden. Da wünschte Maria, daß die Apostel bei ihr wären, um sie zu begraben. Und wie der himmlische Bote gesagt hatte, so geschah es. Von allen Orten, an denen die Apostel predigend weilten, wurden sie durch Wolken entrückt und in das Haus der Gottesmutter gebracht. Johannes verkündete ihnen, daß Maria dem Tode nahe sei. Gegen die dritte Stunde ließ ein Donnerschlag das Haus erbeben. Christus trat unter die Trauergemeinde, um die Seele seiner Mutter zu sich zu nehmen und in den Himmel zu führen.

Die Darstellung des Marientodes ist in der byzantinischen Kunst grundgelegt. Maria liegt mit gekreuzten Händen auf dem Totenbett, das von den klagenden Aposteln, in deren Mitte Christus mit der Seele der Gestorbenen erscheint, umgeben wird. Die herrlichste Ausprägung dieser sogenannten Koimesis hat freilich die abendländische Kunst hervorgebracht: Der ›Tod

Mariens‹ im linken Tympanonfeld des Südportals am Straßburger Münster. Von stiller, doch um so tieferer Trauer sind die durchgeistigten Züge der Apostel bestimmt, die das Lager der Toten umstehen. Der Ausdruck ihres Schmerzes kontrastiert zu dem tiefen Frieden, der aus den Zügen der Toten spricht. Zu Häupten und Füßen Mariens neigt sich einer der Apostel über sie. Es sind Petrus und Paulus, die sie behutsam zur Ruhe betten. Unnachahmlich, wie hier geistige Aussage und formale Gestaltung verschmolzen sind. Die Rückenlinien der gebeugten Gestalten wiederholen das Halbrund des sich spannenden Bogens, ihre Häupter bilden den linken und rechten Eckpunkt eines Rhombus, der nach unten zu durch den Kopf einer vor dem Lager knienden trauernden Frau gebildet wird und der aufgipfelt im Haupte Christi, der unter die Zwölfe getreten ist, um mit der Gebärde seiner Rechten die Seele, die kindhaft klein in seiner Linken erscheint, aufzunehmen, gemäß dem Wort der Legende: »Und der Herr breitete seine reinen Hände aus und empfing ihre heilige und unbefleckte Seele«[28]. Dieser Raute einbeschrieben ist Maria, und wie ihr friedvolles Antlitz vom Blick des Sohnes getroffen wird, ist es der Sphäre des Leids und des Tods bereits entrückt. In diesem Straßburger Relief aus der Zeit um 1230 bezeichnet der ›Marientod‹ einen Höhepunkt mittelalterlicher Plastik überhaupt. Es fällt schwer, in seinem Schatten andere Darstellungen des späteren Mittelalters hier anzufügen. Man mag sich der schönen Christusfigur mit der Seele Mariens erinnern, die, zu Anfang des 14. Jahrhunderts entstanden, aus dem Felixenhof bei Weingarten stammend, heute im Württembergischen Landesmuseum in Stuttgart bewahrt wird[29]. Sie dürfte mit anderen verstreuten Reliefs den ältesten schwäbischen Schnitzaltar gebildet haben. Man könnte auch auf den Maria-Schlaf-Altar des Frankfurter Domes aus dem 4. Jahrzehnt des 15. Jahrhunderts verweisen. Mit seinen blockhaften Gestalten und den scharfen Konturen der Gesichter sind wir schon auf Generationsnähe an den Aachener *Marientod* (Abb. 26, 27; Kat.-Nr. 30) herangekommen. Doch sie alle haben nicht die Größe des Straßburgers. Sie wird erst wieder in einer freilich ganz anders bestimmten Zeit vom Künstler des Hochaltars der Krakauer Ma-

◁ 10

11

◁ 12

14

15 ▷

16

rienkirche erreicht: Veit Stoß. Das Krakauer Altarwerk schildert die Verherrlichung Mariens. Wir müssen es uns versagen, auf diesen gewaltigen Hymnus näher einzugehen, können hier nur einen Blick auf den geöffneten Altar tun, dessen Flügelreliefs mit der Verkündigung, der Weihnacht, der Anbetung der Hirten, der Auferstehung, der Himmelfahrt und der Ausgießung des Heiligen Geistes die Darstellung des Todes und der Himmelfahrt Mariens rahmen. 1486 mochte der Altar vollendet sein, drei Jahre später ist der Künstler zugegen, um der feierlichen Übergabe des Riesenwerks an die Gemeinde der Marienkirche beizuwohnen. Maria liegt nicht mehr auf dem Sterbelager, sondern kniet, vom Apostel Jakobus gehalten, einer gebrochenen Blume gleich, vor der riesigen Gestalt des Heiligen. Um diese Gruppe voller zarter Lyrik haben sich die Apostel versammelt. Verschieden wie ihre Charaktere ist ihr Verhalten. Während Johannes zurückweichend nach seinem Gewandzipfel greift, um sich die Tränen zu trocknen, liest Petrus im Buch mit den Sterbegebeten. Ein anderer löscht mit geblähten Backen das Symbol des Lebens, die Kerze. Schmerzvolle Ergriffenheit erreicht in der Gestalt des Matthäus ihren Höhepunkt. Seine klagend ineinander verschlungenen Hände sind hoch über die Mittelgruppe erhoben. Welch ein Kontrast zu den feingliedrig zarten, sich aus dem Gebetsgestus lösenden, schlaff nach unten fallenden Händen der nicht von Schmerz und Alter gezeichneten Jungfrau! Doch der Kreis, den die Arme des Verzweifelten beschreiben, hat noch eine andere formale Funktion, er grenzt den Raum des irdischen Geschehens gegen die Vision der Himmelfahrt ab, in der Maria, von Christus geleitet und von Engeln umgeben, gen Himmel schwebt. Über dem Altarretabel gipfelt die Apotheose Mariens in der Krönung durch die göttliche Trinität. Die Kostbarkeit der Fassung trägt in diesem Altarwerk entscheidend zum Gesamteindruck bei. Die *Madonna des Meisters Paul von Leutschau* (Farbtafel 19; Kat.-Nr. 46; vgl. Ausschnitt Umschlag-Rückseite), um 1510 entstanden und von der Forschung früher als eigenhändiges Werk des Veit Stoß bezeichnet, vermag uns im Glanz ihres Goldes und der Zartheit der Inkarnattöne einen Eindruck solcher ganz auf Farbigkeit angelegten Skulpturen zu vermitteln.

Auch die *Maria mit Kind*, die das Haus des Veit Stoß geziert hat (Farbtafel 18; Abb. 44, 45; Kat.-Nr. 45), muß man sich ähnlich glanzvoll in der Fassung vorstellen.

War im oben beschriebenen Krakauer Altar die Verherrlichung Mariens mehr angedeutet als ausgesprochen worden, so ist sie in Michael Pachers Altar von Sankt Wolfgang das Hauptthema des Retabels. 1481 hatte der aus Neustift bei Brixen stammende Meister den Altar vollendet. Als Maler wie als Schnitzer gleich groß, hat er hier ein Werk geschaffen, in dem zwar die Renaissancebotschaft Oberitaliens, vornehmlich Mantegnas, namentlich in den Altarflügeln mächtig anklingt, das aber trotzdem das Werk eines Spätgotikers bleibt. Vorbereitet durch vier Bilder des Marienlebens, ist das Schnitzwerk des Schreins der Darstellung der Krönung Mariens vorbehalten. Kniend, mit demütig gesenktem Blick und betend gefalteten Händen, hat die Madonna die Krone von Christus empfangen. In asymmetrischer Anordnung thront dieser segnend zur Linken. Jubilierende Engel umgeben die Gruppe. In den Nischen zur Linken und Rechten erscheinen die Heiligen Wolfgang und Benedikt. Nach oben zu durch einen überreichen gotischen Baldachin abgeschlossen und von einem Rahmenwerk in Gestalt von Ranken, die das »Reis aus der Wurzel Jesse« symbolisieren, umgeben ist die goldleuchtende Apotheose, in der sich hochgegriffenes, namentlich im Schwung der Falten äußerndes formales Pathos mit der feierlichen Würde der von Gott gekrönten Maria verbindet. Von Pachers Hochaltar für die Salzburger Franziskanerkirche, der beim Tode des Meisters 1498 bis auf die Predella vollendet war, hat sich nur die berühmte Sitzmadonna erhalten. Wohl nur die hohe Verehrung, die man ihr als einem Gnadenbild entgegenbrachte, rettete sie 1709, als man den Altar abtrug, vor zerstörender Mißachtung. Das Kind auf ihren Knien und die Traube in ihrer Rechten sind ergänzt. Die Gestalt Mariens hingegen erinnert im Wohlklang der Formen und dem Adel der Seele über Generationen hinweg an die Schönen Madonnen, wie sie Salzburg zu Beginn des Jahrhunderts hervorgebracht hatte.

Noch einmal kehren wir in die Stilprovinz des Oberrheins zurück. Dort mag um 1470 in einer Straßburger Werkstatt die sogenannte *Dangolsheimer Madonna* (Farbtafel 14; Abb. 22; Kat.-Nr. 28) entstanden sein. Pinder hat in ihr die letzte der Schönen Madonnen gesehen. Problemlos und heiter ist die Gesamtstimmung: die freundlich blickende Mutter, das Schabernack treibende Kind, das sich im nächsten Augenblick in den Falten des weiten Kopftuches verbergen wird. Aber etwas fanden wir bei den sogenannten Schönen Madonnen des frühen 15. Jahrhunderts nicht: die Einbeziehung des Raumes in den Figurenblock, das Selbständigwerden der großen Faltenzüge, die tiefen Dunkelzonen, wie sie durch die unterschnittenen Höhlungen des Gewandes entstehen. Das ist eine andere plastische Grundhaltung, die sich nur aus der Bekanntschaft mit dem Stil des großen Nikolaus Gerhaert erklären läßt. Er war aus dem holländischen Leyden gekommen und hatte 1464 in Straßburg das Bürgerrecht erworben. Auf seiner Wanderung mochte er in Trier die Marienstatue des Domkreuzganges geschaffen haben, die noch so deutliche Anlehnung an die Madonna Klaus Sluters am Portal der Kartause von Champmol in Dijon zeigt. Vielfältige verschränkte Bewegungen und Gegenbewegungen gestalten das Beieinander von Mutter und Kind zu einem »wirklichen Versponnensein«[30]. Auch für den Bildtyp der Annaselbdritt findet Nikolaus Gerhaert eine neue generationsbestimmende Ausprägung. Hatten die frühen Darstellungen »das Genealogische, Stammbaumhafte, Menschheitsrepräsentative«[31] betont, so formuliert Gerhaert nun die Gegenüberstellung der Menschenalter im Kontrast der jugendlich anmutigen Maria zum gramvollen Wissen des zerfurchten Witwengesichts. Die spielerische Haltung des kräftigen Kindes verbindet Jugend und Alter. Die Gruppe ist ganz aus dem Sitzmotiv heraus entwickelt. Große, raumhaltige Falten umspielen sie in einem neuen, bis dahin unbekannten Pathos der Falten. Gerhaerts Madonnen leugnen die Distanz zum Betrachter. Er ist ihnen gleichgeordnet, darf sie in ein Gespräch verwickeln, mag mit dem Kinde spielen. Dies lehrt der Epitaph eines Kanonikers in der Johanniskapelle des Straßburger Münsters. Es kann nicht verwundern, daß gerade diese Kathedrale die Bildhauer aller mittelalterlichen Jahrhunderte stets von neuem zur Gestaltung des Bildes Mariens angeregt hat. Sei es im

Marientod oder der Marienkrönung, sei es in Gerhaerts Kanonikerepitaph oder der Portalfigur der Lorenzkapelle, dem Werk des Hans von Aachen aus der Zeit um 1500. Maria war die Patronin der vom Münster überragten Stadt, wie man sie auch in Basel oder Freiburg als Schutzherrin verehrte. So mochte gerade die oberrheinische Tiefebene im Schnittpunkt der Straßen von Frankreich nach Deutschland und von Italien nach den Niederlanden der Ausbildung marianischer Kunst besonders günstig sein[32]. Hier ist die Heimat der zahlreichen ›Gärtleinmadonnen‹, die namentlich der Malerei neue Aufgaben stellten und in der kölnischen Madonna im Rosenhag des Stefan Lochner ihre edelste Ausprägung erhielt:

Maria, die viel zarte,
Sie saß im Rosengarten
Den Gott selber gezieret hat
Mit seiner göttlichen Majestat.

In der Darstellung der Maria im Rosengarten vermischen sich überkommene symbolhafte Vorstellungen zu neuer dichter Aussage. So wird die um 1280 entstandene Türpfeilermadonna am Haupteingang des Freiburger Münsters von Rosenzweigen umrahmt, die vom schlafenden Jesse, dem Stammvater des Geschlechts Davids, unter ihren Füßen ausgehen. Maria hält in ihrer Hand den Rosenzweig, »das Reis aus der Wurzel Jesse«[33]. Um 1300 wird in der Rosenstrauchmuttergottes (München, Bayerisches Nationalmuseum), die einst ein Haus in Straubing geziert hat, das Motiv noch sinnfälliger. Zu Füßen Mariens wächst ein Rosenstrauch empor, in dessen blütengezierten Ästen die Frucht aus der Wurzel Jesse, Christus, erscheint. Die späteren Gärtleinmadonnen sitzen in einer Rosenlaube vor einer Rosenhecke: »hortulus clausus est, virgo, serva fructus tuos ...«, ein verschlossenes Gärtlein bist du, Jungfrau, bewahre deine Früchte[34]. Das lübische *Altarrelief mit der Einhornjagd* (Abb. 38; Kat.-Nr. 41) verwendet zur Andeutung der Jungfräulichkeit Mariens gleichfalls den hortus conclusus, der den Rahmen des heilsgeschichtlichen Vorgangs der Verkündigung in die legendäre Erzählung des Physiologus vom Einhorn bildet, das nur durch eine reine Jungfrau gefangen werden kann[35]. Hortus conclusus und Paradiesgärtlein deuten hier das Wesen Mariens als der jungfräulichen Mutter und Braut des Herrn aus. Der Verkündigungsengel Gabriel, mit seinem Horn als Jäger gekennzeichnet, hält seine vier Hunde, Symbole von Justitia, Veritas, Misericordia und Pax, an der Leine; vom himmlischen Jäger und seinen Hunden gejagt, flüchtet das Einhorn, das Symbol für den Heiland, in den Schoß Mariens. Doch die Herbheit des norddeutschen Schnitzers hat dem Werk nicht jene Anmut und jenen Liebreiz mitgeben können, mit denen man am Oberrhein den hortus conclusus gezeichnet hat.

Auch am Jahrhundertende bleibt das Bild Mariens am Oberrhein ein zentrales Motiv der Schnitzkunst. Doch welche Spannweite individueller Eigenart nunmehr die Darstellung Mariens innerhalb einer Generation den Künstlern läßt, zeigt der Vergleich der von leidenschaftlichem Temperament und ekstatischer Bewegung aufgewühlten ›Marienkrönung‹ des Meisters HL vom Breisacher Hochaltar (1523–1526) und der in sich ruhenden, gleicherweise schönen wie traurigen Maria aus Niedermoschweier bei Colmar (Unterlinden-Museum, Colmar) oder ihrer um 1490 entstandenen ›Schwester‹ (Abb. 40, 41; Kat.-Nr. 43) im Badischen Landesmuseum zu Karlsruhe. Rheinabwärts, vielleicht in der Gegend von Speyer, mag die Heimat der etwas jüngeren *Sitzmadonna* des Aachener Suermondt-Museums (Abb. 42; Kat.-Nr. 44) gewesen sein, die wohl Teil einer Annaselbdrittgruppe ist. Im Vergleich mit der Colmarer und Karlsruher Figur wird deutlich, wie fließend die Grenzen der Kunstprovinzen geworden sind. Die Stichvorlagen, die eine revolutionäre Vervielfältigung ermöglichten, lassen die Künstler und ihre Werke näher aneinanderrücken. Der Meister ES und Martin Schongauer, späterhin auch Albrecht Dürer, prägen das Bild Mariens am Ausgang des 15. Jahrhunderts in der Plastik entscheidend mit. Wir folgen dem Lauf des Rheines weiter und kommen in die alte Rheinmetropole, in der das 15. Jahrhundert einen Höhepunkt der rheinischen Madonnendarstellung gebracht hat. In der Maria der Aachener Foillanskirche und der Schiffermadonna in St. Maria Lyskirchen am Kölner Rheinufer vereinigt sich gewachsene bürgerliche Kunst mit der Vorstellung des marianischen Ideals. Matronenhafte Schwere und »fessellose malerische Phantasie«, riesige Faltengehänge und festlicher Prunk, dazu die übergreifende Bindung an die Schönen Madonnen: Köln um 1420. Wie anders die in schöner alter Bemalung und Vergoldung dastehende *Muttergottes in der Mantelfülle* (Farbtafel 16; Kat.-Nr. 32; vgl. Ausschnitt Umschlag-Vorderseite) des Kölner Schnütgen-Museums! Miniaturhaft fein vereinigt sie alle Vorzüge jener lyrischen Kunst, die mit Stefan Lochner in der Dommetropole heimisch geworden war und ihren großartigsten Ausdruck in der Huldigung der Stadtpatrone an Maria im Kölner Dombild gefunden hat. Gewiß, als die kleine Plastik des Schnütgen-Museums entstand, war Lochner schon 20 Jahre tot, und doch ruht der Abglanz seiner großen Kunst auf der liebreizenden Plastik[36].

Wohl ein halbes Jahrhundert später mag die *Schaager Madonna* (Abb. 56; Kat.-Nr. 56) entstanden sein. Fast sträuben sich hier die kapriziöse Haltung und die überfeinerte Formensprache gegen das Eichenholz, aus dem heraus sie entwickelt wurden. Aber gerade für den Niederrhein ist dieses Material in seiner herben Struktur charakteristisch. Der *Maria von einer Kreuzigungsgruppe* (Abb. 31; Kat.-Nr. 36) ist das rissig-spröde Eichenholz schon gemäßer. Hier wie auch bei der um 1480 entstandenen *Maria von einer Verkündigungsgruppe* (Abb. 30; Kat.-Nr. 35) ist das Fehlen der Farbe nicht dem Unverständnis des vorigen Jahrhunderts anzulasten. Bewußt hat man darauf verzichtet. Ein neues künstlerisches Gefühl, das in Holz ›denkt‹, kündigt sich an. Wir finden es im Werk Tilman Riemenschneiders voll ausgereift als künstlerisches Medium. Er ist gewiß nicht der große Revolutionär gewesen. Doch als er, ein 70jähriger, am 7. Juli 1531 in Würzburg starb, hinterließ er ein in sich geschlossenes Werk, in dem es keine erregenden Entwicklungen gab, dafür aber eine gleichmäßige Höhe formaler und geistiger Erfindung. So hat seine Kunst von Würzburg ausgestrahlt und das Frankenland zur Heimat der schönsten deutschen Madonnendarstellungen am Ausgang des Mittelalters gemacht. Jugendliche Anmut, ernste Ahnung, innige Mütterlichkeit und selbstverlorenes Träumen, die Ferne des Göttlichen und die Nähe menschlichen Daseins verbinden sich im Wohlklang der Formen unlöslich miteinander (Abb. 48; Kat.-Nr. 49). Aber nicht nur der Einzelfigur Mariens gibt er die für seine Generation bestimmende Prägung. Er ordnet sie auch ein in die Gruppendarstellung der Verkündigung und Heimsuchung, der Madonna unter dem Kreuz und endlich ihrer Himmelfahrt, wie sie der *Marienaltar* in der Herrgottskapelle zu Creglingen (Abb. 46, 47; Kat.-Nr. 47) als eines der großen Wunder deutscher Plastik in mitreißender Gewalt vor den Betrachter stellt. Vor durchbrochenem Hintergrund schwebt die Muttergottes in der Engelsglorie, mädchenhaft schön und von keinem Leid gezeichnet, gen Himmel. Zu ihren Füßen sind die Apostel noch versammelt, ernst und ergriffen, Bürger und Handwerker voller Ehrbarkeit, die gewürdigt werden, an einem höheren Dasein teilzuhaben.

Was ließe sich diesem marianischen Hymnus im Creglinger Herrgottskirchlein sonst in dieser Zeit vergleichen? Vielleicht das Werk des Zeitgenossen Veit Stoß, das am 17. Juli 1518 in die Gewölbe der Nürnberger Sankt Lorenzkirche emporgezogen wurde: der ›Englische Gruß‹. Wenig später wird man in Nürnberg die Reformation einführen und von der Kanzel herab die Jungfrau Maria des Englischen Grußes als »güldene Grasmagd« bezeichnen[37]. Das Werk des Veit Stoß ist Höhe- und Endpunkt einer langen Entwicklungsreihe von Bildwerken, die vornehmlich in der zweiten Hälfte des 15. Jahrhunderts Maria umgeben vom Rosenkranz darstellen. Dabei war die himmlische Glorie meist durch den realen Schein wirklicher Kerzen angedeutet worden. Auch in Sankt Lorenz erweckt ein wenig vor dem Englischen Gruß hängender Leuchter, wenn er bei festlichen Anlässen im Glanz seiner Kerzen erstrahlt, die Vorstellung der über Sternen schwebenden Himmelskönigin. Riesig sind die Maße. Allein die Hauptfiguren messen in der Höhe fast 2,20 Meter. Fünfzig Rosen sind zu einem Kranz vereinigt, dessen fünf Rundscheiben die Geheimnisse des freudenreichen Rosenkranzes erzählen. Seitlich fallen die Schnüre mit den sechzig Perlen der Paternosterkette herab. Musizierende Engel schaffen den Übergang zur bekrönenden Gruppe des segnenden Gottvaters. Tief unten windet sich die Schlange des Paradieses, Symbol des Bösen und der Verführung. In diesen unerhört prachtvollen, bedeutungsgeladenen Rahmen ist die Gruppe der Verkündigung hineingestellt. Von links nähert sich grüßend der Erzengel. Betroffen von seiner Botschaft erhebt Maria die rechte Hand vor die Brust, während der linken das Buch entgleitet. Leicht senkt sich ihr Haupt, auf das die Taube des Geistes herabgestiegen ist. Engel schweben herbei und greifen die Gewänder Gabriels und der Jungfrau, als seien es Schleppen höchster Würdenträger. Eigenhändig hat Veit Stoß die herrlichen Farben aufgetragen, die dem Ganzen seinen immateriellen Glanz verleihen und den volksliedhaften Vortrag in höchste Poesie verwandeln.

Zu Würzburg und Nürnberg gesellt sich Ulm als eine der großen Kunstmetropolen des deutschen Mittelalters. Es war uns schon als Heimat des Dornstädter Altärchens (vgl. Farbtafel 12; Kat.-Nr. 24), als die Wirkungsstätte Hans Multschers und als der Ort begegnet, an dem Gregor Erhart sein gewaltiges Altarwerk für die Klosterkirche der Benediktiner in Blaubeuren geschaffen hatte. Entscheidenden Anteil hat diese schwäbische Stadt an der Entstehung der großen gotischen Flügelaltäre, die etwa seit dem Ende des 14. Jahrhunderts mehr und mehr den Blickfang des Kirchenraumes bildeten. Aus der Bindung an die Architektur war die Plastik herausgetreten, um im Retabel der gotischen Flügelaltäre neu angesiedelt zu werden. Die meist gemalten Flügel verdeckten an Werktagen das Schnitzwerk des Schreines, um, an hohen Feiertagen geöffnet, gleichsam einen Abglanz himmlischer Herrlichkeit sichtbar werden zu lassen. Häufig ist es ein Mariengnadenbild oder die Darstellung der Muttergottes als Himmelskönigin, die das Zentrum der oftmals als Dreiergruppe angeordneten Schar der Verklärten im Altarschrein bildet. Mitunter auch erzählen Reliefszenen, die auf den Flügeln angeordnet sind, Begebenheiten aus dem Leben Mariens. So etwa sieht man im schwäbischen *Schnitzaltar* des Aachener Suermondt-Museums (Abb. 50; Kat.-Nr. 51) das Mägdlein beherzt die Stufen zum Tempel emporsteigen. Wernher der Schweizer hat diesen Tempelgang, wie ihn die Legende erzählt, nachgedichtet:

17

◁ 18

Die Eltern führten das Kind
An ihren Händen lind
Bis zu der untersten der Stufen,
Wo selbst, wie von oben gerufen,
Als wollt es sich von ihnen wenden,
Das Kind sich löst von ihren Händen,
Und ohne Hilfe, ganz allein –
Nur Gott kann solche Kraft verleihn –
Eilt es in schnellem Lauf
Die Stufen alle gleich hinauf ...

Hier auf den Feldern der Altarflügel lebt sich schwäbische Freude an epischer Schilderung und breit verweilender Darstellung ganz aus. Wie es die Flügelreliefs mit der Anbetung des Kindes und der Verehrung durch die Könige vom Blaubeurener Hochaltar zeigen, können Plastik und Malerei miteinander verschmelzen, ja es will scheinen, als wenn sich hier schon ein Primat der Malerei über die Plastik abzuzeichnen begänne. Im *Talheimer Altar* des Württembergischen Landesmuseums zu Stuttgart (Abb. 52, 53; Kat.-Nr. 53) erleben wir ulmische Kunst am Vorabend der Reformation. Die thronende Madonna ist von den Heiligen Cyriakus und Pankratius begleitet. Gegenüber den gemalten Altarflügeln mit der Weihnachtsdarstellung und der Anbetung der Könige haben die Figuren des Schreins ein höheres Maß an Realität, sind ›wirklicher‹ und unmittelbar auf den Betrachter bezogen. Wohl zur gleichen Zeit mag die Ulmerin des Düsseldorfer Kunstmuseums (Abb. 58, 59; Kat.-Nr. 57) entstanden sein. Sie vereinigt noch einmal alle jene liebenswürdigen Eigenschaften, mit denen der schwäbische Volkscharakter das Bild Mariens im späten Mittelalter ausgezeichnet hat. Sie ist eine echte Schwäbin und mochte um so mehr verehrt und geliebt werden, als sie den Hilfesuchenden und Trostheischenden als eine der ihren, als Unsere Liebe Frau von Ulm, entgegengetreten sein mag. Doch bald schon wird man sich unter dem Eindruck der Reformation neuen Aufgaben zuwenden. Und wer seinem alten Glauben treu bleiben will, der tut vielleicht besser, sich eine neue Heimat zu suchen. So mochte es dem Bildschnitzer Daniel Mauch gehen, den wohl der Bildersturm des Jahres 1531 vertrieb und in die Niederlande verschlug. Dort hat er die *Muttergottes mit dem Kind und Engeln* (Abb. 62, 63; Kat.-Nr. 62) für den Bibliothekar Berselius der Sankt Laurentius-Abtei zu Lüttich, einen Freund des Erasmus von Rotterdam, geschaffen. Seltsam muten die Verse an, die auf dem Sockel angebracht sind und verkünden, daß selbst im Wettstreit mit Myron das Werk des Daniel Mauch bestehen könne. Hier vereinigen sich die früher streng geschiedenen Bildtypen miteinander in einer Zusammenfassung der marianischen Wesenheiten, des apokalyptischen Weibes, der glücklich lächelnden Mutter, der von Engeln zum Himmel Emporgetragenen und der Königin des Himmels.

Die Anmerkungen folgen im Anschluß an den Katalog-Teil (S. 201/202).

Verzeichnis der Abbildungen

Die in Klammern gesetzten Zahlen verweisen auf die Katalog-Nummer im Anhang S. 133 ff.).

Farbtafeln

(nach den Seiten 16, 40, 56)

Schwarzweiß-Abbildungen

54 *Maria mit Kind.* Mittelrhein, um 1520–1530 (54)

55 *Muttergottes auf der Mondsichel* (vgl. Farbtafel 20). Sog. Meister von Osnabrück, um 1510–1520 (55)

56 *Die Schaager Madonna.* Niederrhein, um 1520 (56)

57 *Maria mit Kind zwischen den Heiligen Andreas und Nikolaus.* Hans Syrer, 1521 (58)

58 *Maria mit Kind.* Ulm, um 1520 (57)

59 *Maria mit Kind* (Ausschnitt aus Abb. 58)

60 *Trauernde Maria (die Nürnberger Madonna).* Nürnberg, um 1520 (59)

61 *Stehende Muttergottes.* Umkreis des Meisters von Mauer, um 1510 bis 1520 (60)

62 *Muttergottes mit dem Kind und Engeln.* Daniel Mauch, um 1535 (62)

63 *Muttergottes mit dem Kind und Engeln* (Ausschnitt aus Abb. 62)

64 *Maria mit Kind aus einem Altarschrein.* Süddeutsch-Oberdonau, um 1520–1530 (61)

Abbildungen

2

3

4

5 ▷
6 ▷ ▷
7 ▷ ▷ ▷

8

9

10

11 ▷

12

13

14 ▷
15 ▷▷

16

17 ▷
18 ▷ ▷
19 ▷ ▷ ▷

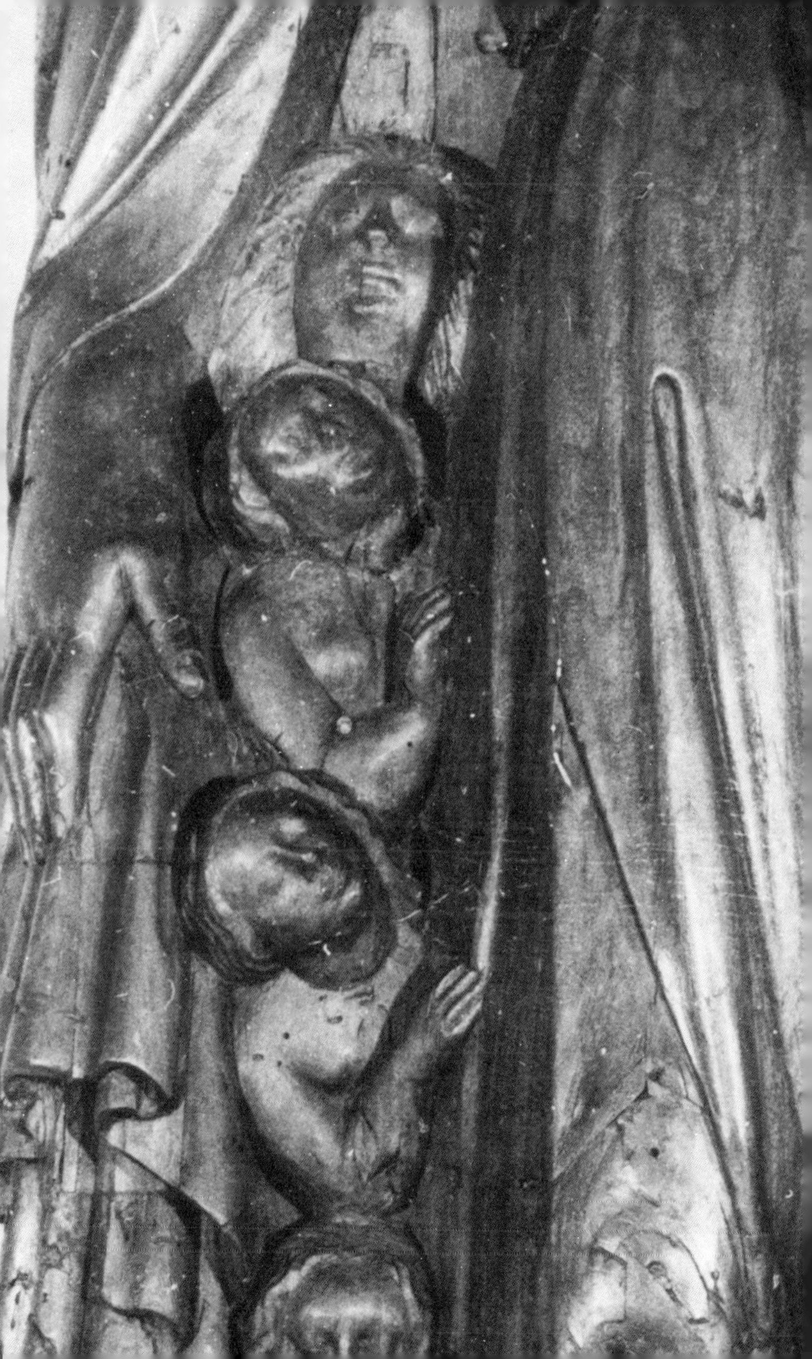

20

2 T

23

24 ▷
25 ▷▷

30

31

Sancta maria virgo

33

34 ▷
35 ▷▷

◁ ◁ ◁ 36
◁ ◁ 37
◁ 38

40

41 ▷

43

44 ▷

◁ 42

45 ▷▷

47

◁ 46

48

49

50

51

52 ▷
53 ▷▷

54

55

56

58

59 ▷

60

61

62 ▷
63 ▷▷

64

Katalog

1 Siegburger Madonna
Köln. Um 1150–1160
Köln, Schnütgen-Museum
Stiftung Dr. L. Seligmann, E. Michels, Familien M. u. Th. von Guilleaume

Maasländischer Kalkstein;
H 41, B 41, T 12,5 cm
Aus zwei Bruchstücken bestehendes Relief. Kopf angegipst, Kopf des Kindes und Boden unter dem Lukassymbol abgeschlagen. Beschädigungen an vielen Stellen.

Die Halbfigur Mariens ist in strenger Frontalität vor einer Mandorla gegeben. Das Gesicht unter dem in der Mitte gescheitelten Haar zeigt symmetrische Züge. Die Augen sind blicklos ins Unendliche gewandt. Der rechte Arm ist angewinkelt, die Hand umfaßt einen Apfel, das Zeichen der ›Neuen Eva‹. In der Beuge des linken Armes hält Maria das Kind, das die Rechte im Redegestus ausgestreckt hat. Die geflügelten Symboltiere des Lukas und des Markus, Löwe und Stier, flankieren die Gruppe, die über einer mit Paradiesranken geschmückten Brüstung erscheint.
Das Relief wurde 1921 bei Bauarbeiten in der Siegburger Abteikirche aufgefunden. Der Löwenkopf des Markussymbols kam bei Wiederaufbauarbeiten nach dem zweiten Weltkrieg ans Licht und gelangte 1964 durch Tausch an das Schnütgen-Museum (A. v. Euw, Aus den Nachkriegserwerbungen des Schnütgen-Museums. In: Miszellanea pro Arte. Düsseldorf 1965, S. 13, Nr. 5). E. Beitz hat in dem Relief die Bekrönung der Rückenlehne vom ehemaligen Abtstuhle

erkannt. Dies würde als Gegenstück die Majestas Domini mit den Matthäus- und Johannessymbolen verlangen. E. Panofsky nannte die Siegburger Madonna das »vielleicht schönste Denkmal der niederrheinischen Hochromanik«. Stilistisch verwandt sind vornehmlich die Madonna und die Engel von Oberpleis. Der halbfigurige Madonnentyp hat seine Vorbilder in Byzanz. Zu vergleichen sind aber auch Buchmalereien nach Art des Kölner Evangeliars von Sankt Aposteln (Köln, Stadtarchiv).

Literatur: E. Beitz, in: Zs. f. christl. Kunst XXXIX, 1921, S. 45 mit 2 Abb. – H. Beenken, in: Jb. f. Kw. I, 1923, S. 135, T. 54, Abb. 10. – H. Beenken, Romanische Skulptur in Deutschland. Leipzig 1924, S. 174, Nr. 87/88, Abb. 175, 177. – E. Panofsky, Die deutsche Plastik des 11.–13. Jahrhunderts. Firenze–München 1924, S. 117, T. 52. – E. Beitz, Rupertus von Deutz. Köln 1930, S. 86, Abb. 13. – W. Pinder, Die Kunst der deutschen Kaiserzeit. 2. Aufl. Köln 1952, T. 228, 229. – W. Bader, Die Benediktinerabtei Brauweiler. Berlin 1937, S. 200, Abb. 71. – A. Feulner / Th. Müller, Geschichte der deutschen Plastik. München 1953, S. 68, Abb. 39. – Das Schnütgen-Museum. Eine Auswahl. Köln 1961, S. 33, Nr. 43. – P. Bloch, Kölner Madonnen. Mönchengladbach 1961, S. 8, Nr. 4. – Kat. Monumenta Annonis. Köln 1975, S. 216 ff.

2 Thronende Muttergottes

Köln oder Aachen. Um 1220–1230
Köln, Schnütgen-Museum

Eichenholz; H 100 cm
Rücken ausgehöhlt und mit der geschweiften Thronrückwand geschlossen.
Teile alter Fassungen, der Mantel ursprünglich vergoldet.

Auf einer Thronbank sitzt Maria, gleicherweise Königin und Mutter. Das Haupt mit den edlen Zügen neigt sich leicht dem Kinde zu, das, auf dem linken Knie der Madonna sitzend, seine Linke auf die Weltkugel legt, die die linke Hand der Mutter ihm darreicht. Die segnend erhobene Rechte des Knaben bildet das formale und geistige Zentrum der Gruppe. Maria umfaßt den Apfel, das Symbol der ›Neuen Eva‹. Während das Haupt der Madonna in seiner strengen Schönheit noch aus dem Geist des späten 12. Jahrhunderts lebt, verrät der Körper- und Gewandstil die Zugehörigkeit zur Kunst des frühen 13. Jahrhunderts. In weichen Faltenzügen, die sich aus dem Verhalten des Körpers ergeben, umfließt das Gewand die Gestalt. In der Kathedra Öffnung zum Einlegen von Reliquien.

Der flüssige Gewandstil ist ohne Kenntnis der Chartreser Kathedralplastik nicht denkbar. Man hat im Straßburger Ecclesia-Meister den Vermittler dieses Stils gesehen und zu seinem Verständnis auch auf die belgisch-rheinische Goldschmiedekunst in der Nachfolge des Nikolaus von Verdun verwiesen. Die Plastik erschien 1890 im niederrheinischen Kunsthandel.

Literatur: A. Schnütgen, in: Zs. f. christl. Kunst XXI 1908, Sp. 289, T. XI, Abb. 1. – F. Witte, Die Skulpturen der Sammlung Schnütgen. Berlin 1912, T. 24, Nr. 2. – E. Panofsky, Die deutsche Plastik des 11.–13. Jahrhunderts. Firenze–München 1924, T. 57. – F. Lübbecke, Die Plastik des deutschen Mittelalters I. München 1922, S. 64, T. 21. – E. Lüthgen, Romanische Plastik in Deutschland. Bonn–Leipzig 1923, S. 127, 155, 175, T. XCIV. – A. Feulner / Th. Müller, Geschichte der deutschen Plastik. München 1953, S. 70, Abb. 43. – Chr. Beutler, Die ›Aachener Madonna‹ und der Kruzifixus von Nideggen. In: Aachener Kunstblätter, Bd. 17/18, 1958/59, S. 42 ff., Abb. 35. – Das Schnütgen-Museum. Eine Auswahl. Köln 1961, S. 39, Nr. 59. – P. Bloch, Kölner Madonnen. Mönchengladbach 1961, S. 12, Nr. 10. – Kat. Rhein und Maas. Köln 1972, S. 338.

3 Thronende Muttergottes

Köln. Um 1230 (?)
Köln, Schnütgen-Museum

Nußbaumholz; H 57,5 cm
Ausgehöhlt und durch die Rückwand des Throns geschlossen. Eine rechteckige Ausnehmung war für die Aufnahme von Reliquien vorgesehen.
Alte Fassung und Vergoldung, Haare und Borten stuckiert, außerdem Verwendung von Glasflüssen.

Ein großer Bergkristall ist auf der Brust Mariens angebracht. Die Thronwangen durch gemalte Arkaden geziert.
Die Rechte der Madonna sowie die Knäufe der Rücklehne ergänzt.

Auf einem Pfostenthron sitzt in feierlicher Haltung Maria. Ihr freundliches, zu leichtem Lächeln entspanntes Gesicht ist von einer in symmetrische Locken gelegten Haartracht gerahmt. Auf dem linken Knie der Mutter sitzt das Kind, das die Rechte zum Segensgestus erhoben hat und seine Linke auf einen Apfel legt, den die Mutter ihm darreicht. In der strengen Frontalität erinnert die Gruppe noch an die spätromanische Sedes sapientiae, doch drängen in dem aufgelockerten, freundlichen Gesichtsausdruck und dem flüssigen, aus den Körper-

formen gewonnenen Faltenwurf neue bildnerische Kräfte zum Ausdruck.
Das lächelnde Antlitz weist erstmals jene ›bürgerliche‹ Eigenart auf, wie sie in den kölnischen Madonnen vornehmlich des beginnenden 14. Jahrhunderts an die Stelle höfischer Gelassenheit treten wird. In der Gewanddrapierung begegnet man dem ›Muldenfaltenstil‹, wie er auch für die ›Aachener Madonna‹ (Nr. 2) charakteristisch ist. Zur gleichen Gruppe gehört ein großer Kruzifixus aus der Pfarrkirche zu Nideggen sowie die überlebensgroße Holzstatue des heiligen Engelbert im Märkischen Museum zu Witten.

Literatur: A. Schnütgen, in: Zs. f. christl. Kunst XXI, 1908, Sp. 292, T. XI, Abb. 3. – F. Witte, Die Skulpturen der Sammlung Schnütgen. Berlin 1912, T. 24, Nr. 1. – E. Lüthgen, Romanische Plastik. Bonn/ Leipzig 1923, S. 127, 155, 168. – K. Appel, Romanische Kunst im Schnütgen-Museum. Köln 1933, S. 26, Abb. 13. – Das Schnütgen-Museum. Eine Auswahl. Köln 1961, S. 42. – P. Bloch, Kölner Madonnen. Mönchengladbach 1961, S. 12, Nr. 11. – Kat. Rhein und Maas. Köln 1972, S. 339.

4 Trauernde Maria

Alpengebiet. Um 1230
Ehem. rheinischer Privatbesitz

Buchenholz; H 140 cm
Rückseitig ausgehöhlt.
Alte Fassung zu großen Teilen erhalten: Mantel karminrot, das Kleid blau.

Im Klagegestus hat Maria ihr Haupt in die linke Hand geschmiegt. Der Mantel ist über den Kopf gezogen

und schafft, die gesamte Figur umhüllend, einen strengen statuarischen Kontur. Die rechte, verhüllte Hand hält ein Buch. Die Faltenführung wird aus der Haltung des Körpers gewonnen und läßt diesen durch das feine Gerinnsel der Falten hindurchscheinen. In großen senkrechten Bahnen fließt das Gewand unter dem Mantel hervor und liegt ausschwingend auf dem Boden auf. In leichter Wendung neigt sich Maria in ergreifender Trauergebärde dem Kreuz zu.
Die stilbildenden Werke der südwestdeutschen Plastik im ersten Drittel des 13. Jahrhunderts, wie sie für unsere Plastik bestimmend wurden, sind die Skulpturen des Südportals und vom Engelspfeiler des Straßburger Münsters. Hier begegnet man jener feinen Biegsamkeit des Körpers und der aus seiner

Haltung zu erklärenden Artikulation der Falten. Die klagende Maria hat wohl zu einer monumentalen Triumphkreuzgruppe gehört, wie wir sie aus Halberstadt oder Wechselburg kennen.

Literatur: Anmerkungen zu einer trauernden Maria. In: Miszellanea pro Arte. Düsseldorf 1965, S. 24 f., T. CXII–CXIV. – Katalog: Bildwerke des Mittelalters. Darmstadt 1968, Nr. 2.

5 Vesperbild, sog. Pietà Roettgen

Mittelrhein. Um 1300
Bonn, Rheinisches Landesmuseum
Aus der Sammlung Paul Roettgen. Angeblich ursprünglich aus einer Mainzer Kirche

Lindenholz; H (mit Sockel) 88,5 cm
Rückseite flach.
Alte, erneuerte Fassung: Kleid und Mantel Mariens weiß mit grünem Futter, der Lendenschurz Christi weiß mit rotem Futter, die Borten ehemals vergoldet, Sockelkanten rot, die vergoldeten Rosetten auf grünem Grund.

Maria ist als Mutter des Leidens dargestellt. Sie sitzt auf einer kantigen Bank und hält auf ihrem Schoß den Leichnam Christi. Mit ihrer Rechten stützt sie seinen Oberkörper, so daß dieser steil aufgerichtet erscheint. Schwer sackt der Kopf des Toten nach hinten. Aus den Wundmalen des ausgemergelten Körpers quellen dicke Blutstrauben, die wie ein Hinweis auf Christus als den mystischen Weinstock wirken. Noch sind die Augen und der Mund wie in letzter Todesagonie leicht geöffnet. Tief haben sich die Dornen der Krone in das Haupt gebohrt. Blutige Rinnsale überziehen Stirn und Wangen. Während der rechte Arm schlaff herunterhängt, ist der andere auf den linken Unterarm der Mutter gelegt, eine Stellung, die besonders nachdrücklich auf die Wundmale hinweist und zum Mitleiden auffordert. Auch die Blickrichtung Mariens und die Wendung ihres gramzerfurchten Antlitzes ist weniger auf den Leichnam als vielmehr auf den Betrachter gerichtet, um ihn unmittelbar anzusprechen. Das Haupt der Madonna mit dem von namenlosem Leid gezeichneten Gesicht ist von einem Kopftuch umgeben, das auf die Schultern herabfließt. Gewand und Mantel bilden, über die Knie herabfallend, lange Röhrenfalten. Zu ihrem durchgehenden Fluß kontrastieren Schüssel- und

Omegafalten. Ein besonderes Merkmal der Gewandung sind die mit Hilfe von Modeln aufgeprägten Gewandborten. Die Gruppe bildet mit dem mächtigen, abgetreppten Sockel eine formale Einheit. Sein Hauptschmuck sind plastische Rosetten, in denen man das marianische Rosensymbol sehen darf.

Äußerste Steigerung des Leids bestimmt den Gesamteindruck der Pietà Roettgen. Sie ist, soweit wir sehen, das früheste Vesperbild überhaupt und das Vorbild für eine Anzahl mitteldeutscher Gruppen des gleichen Typs mit dem aufrechtsitzenden, von der Mutter gestützten Christuskörper. Hervorgewachsen aus der mystischen Frömmigkeit, stellt sie ein Andachtsbild dar, das für die persönliche und verinnerlichte Religiosität an der Wende vom 13. zum 14. Jahrhundert charakteristisch ist. Man hat diese Gruppen als Vesperbilder bezeichnet, weil im klösterlichen Tagesablauf die Vesper der Betrachtung der Kreuzabnahme und Beweinung vorbehalten war. Die Pietà Roettgen ist vielleicht das einprägsamste Bildwerk seiner Art. »Die Größe und Geschlossenheit, die sie vor allen anderen voraus hat, ja schließlich selbst die ungeheure Wucht des Leidenspathos ... erhebt diese Pietà in bezug auf Monumentalität über alle ihre Geschwister ... Mittelrheinisch und noch stark dem 13. Jahrhundert verpflichtet« (R. Hamann).

Literatur: Katalog der Lempertz-Versteigerung. Dezember 1912 (H. Reiners), Sammlung Carl Roettgen. Bonn, Nr. 117. – W. Passarge, Das deutsche Vesperbild im Mittelalter. Köln 1924, S. 45. – R. Hamann, Die Bonner Pietà. In: Festschrift für Paul Clemen. Düsseldorf 1926, S. 365 ff. – A. Feulner / Th. Müller, Geschichte der deutschen Plastik. München 1953, S. 218. – W. Krönig, Rheinische Vesperbilder aus Leder und ihr Umkreis. In: Wallraf-Richartz-Jahrbuch 24, 1962, S. 7 ff. – Katalog: Aus Rheinischer Kunst und Kultur. Auswahlkatalog des Rheinischen Landesmuseums Bonn 1963. Düsseldorf 1963, Nr. 112, S. 142, T. 112.

6 Thronende Muttergottes

Köln. Frühes 14. Jahrhundert
Köln, Schnütgen-Museum

Eschenholz; H 63 cm
Rückseite abgeflacht.
Reste alter Fassung mit späteren Ergänzungen.
Die rechte Hand Mariens sowie der linke Unterarm des Kindes sind erneuert.

Auf einer fialengezierten Bank sitzt Maria. Ihre schlanke Gestalt umfängt ein Mantel, der über die rechte Schulter nach vorne gezogen ist und in weiten Faltenschwüngen über die Knie zur Erde hinabfällt. Das liebliche, von reicher Lockenfülle gerahmte Gesicht ist in feinem Lächeln dem Kind zugewandt, das sich auf dem linken Knie der Mutter aufrechtgestellt hat und mit seiner Rechten, in die Falten des Kopftuches fassend, Halt sucht. Mit der anderen Hand greift es nach dem Apfel, den ihm die Mutter in kapriziöser Geste darreicht. In Maria ist die ›Neue Eva‹ verkörpert, die mit dem linken Fuß den sich krümmenden Drachen zertritt und als ihr Symbol den unversehrten Apfel trägt.

In der höfisch verfeinerten Stilisierung, der zierlich-koketten Drehung

und dem anmutigen, knappumrissenen Köpfchen ist die Gruppe ein typisches Beispiel der kölnischen Plastik zu einem Zeitpunkt übermächtigen französischen Einflusses, wie er sich am großartigsten im Apostelzyklus an den Chorpfeilern des Kölner Doms sowie der ›Mailänder Madonna‹ äußert. Stilistisch unmittelbar zugehörige Stücke sind bis heute nicht bekannt geworden.

Literatur: F. Witte, Eine frühgotische kölnische Madonna der Sammlung Schnütgen. In: Zs. f. christl. Kunst XXIII, 1910, S. 333 ff. – E. Lüthgen, Die niederrheinische Plastik von der Gotik bis zur Renaissance. Straßburg 1917, S. 193, T. XVII, 2. – E. Lüthgen, Gotische Plastik in den Rheinlanden. Bonn 1921, T. 29. – Tausend Jahre deutscher Kunst am Rhein II. Berlin 1932, T. 105. – Das Schnütgen-Museum. Eine Auswahl. Köln 1961, S. 46, Nr. 73. – P. Bloch, Kölner Madonnen. Mönchengladbach 1961, S. 13, Nr. 13. – Kat. Rhein und Maas. Köln 1972, S. 360.

7 Stehende Muttergottes

Köln. Anfang des 14. Jahrhunderts
Köln, Schnütgen-Museum
Ehem. Sammlung C. W. Rautenstrauch, Trier

Nußbaumholz; H 80 cm
Vollrund gearbeitet.
Reste der alten Fassung mit Glasflüssen an den Säumen. Besonders das Inkarnat des Gesichtes gut erhalten.
Mariens Rechte, die Linke des Kindes sowie die Taube fehlen. Das Kopftuch bis auf die Schultern herab abgearbeitet.

In königlicher Würde steht Maria hochaufgerichtet da. Über der hohen Stirn ist das von einem Diadem gehaltene Haar gescheitelt und fließt in weichen Wellen, das längliche, würdevolle Gesicht rahmend,

auf den Rücken herab. Über das gegürtete Gewand ist ein Mantel gelegt, dessen weiche Faltenbahnen in lyrischem Fluß zu Boden fallen. Mit der linken, feingliedrigen Hand hält Maria das mit einer Tunika bekleidete Kind.
Die Madonna folgt dem »wohl nordfranzösischen Typus mit dem offenen Mantel«, wie er vornehmlich in Burgund und Lothringen, aber auch in Westdeutschland verbreitet war. Während man in dem zügigen Faltenfluß eine lothringische Eigenart gesehen hat, spricht das frühe Vorkommen des Typs in der niederrheinischen Holzbildnerei (Madonna von Ollesheim, Münstereifel, Tongern) für eine Entstehung in Köln.

Literatur: W. Zimmermann, Zur Trierer Bildnerei der Gotik. In: Trierer Zeitschrift XIII, 1938, S. 121. – E. Trier, in: Kunstchronik X, 1957, S. 41. – Katalog: Unsere Liebe Frau, Aachen 1958, Nr. 10. – E. G. Grimme, in: Aachener Kunstblätter, Bd. 17/18, 1958/59, S. 30. – E. G. Grimme, in: Aachener Kunstblätter, Bd. 24/25, 1962/63, S. 168. – Katalog: Große Kunst des Mittelalters aus Privatbesitz, Köln 1960, Nr. 35, T. 28. – W. Beeh, Die Münstereifeler Muttergottes. In: Jb. d. rhein. Denkmalpflege XXIII, 1960, S. 167 ff.

8 Annaselbdritt

Lüttich. Um 1320–1330
Aachen, Städt. Suermondt-Museum, Leihgabe Sammlung Hubert Lüttgens

Eichenholz; H 81 und 52 cm
Alte Fassung.

In hoch aufgerichteter Haltung, das rechte Bein kaum merklich vorgestellt, ist Anna in leichter Schreitstellung gegeben. Das ovale Gesicht

mit symmetrischen Zügen, steilem Nasenrücken und leicht lächelndem Mund wird von Kopftuch und Kinngebände gerahmt. Der rechte Arm ist angewinkelt, die Hand hält ein Buch. Die Linke faßt die Hand Mariens. Das zur Beuge des rechten Armes hin geraffte Gewand bildet Schüssel- und Diagonalfalten, die der schlanken Gestalt einen bewegten Binnenrhythmus verleihen, ohne die große Umrißform zu gefährden. Das Untergewand gibt nur den rechten Fuß frei, der leicht nach vorne gestellt ist. Im Gegensatz zur strengen Axialität der Figur Annas ist die Gestalt der Tochter leicht geschwungen, als sei sie nach dem Vorbild einer der Krümme eines Elefantenstoßzahnes folgenden Elfenbeinplastik geschaffen. Auch das längliche, lockengerahmte Antlitz Mariens ist von einem Kopftuch eingefaßt. Mit dem linken Arm hält sie das segnende Kind, das als einzige Figur der Gruppe ganz auf den Betrachter bezogen ist. Maria trägt ein einfaches, gegürtetes Gewand von klarem, parallelem Faltenduktus. Seine leichte Diagonalrichtung von oben rechts nach links unten steht in schönem Gegensatz zur Richtung der Falten im Gewand Annas, so daß eine edle, durchgehende Kurvatur des Faltenrhythmus die Figuren zur Gruppe zusammenschließt. Im Kopf der Marienstatuette fand sich ein kleines Reliquiensepulcrum, wie es in der Entstehungszeit unserer Gruppe häufiger vorkommt. Innerhalb ihrer Zeit steht sie einzig da.

Diese Annaselbdritt – bedeutsames Frühbeispiel eines vornehmlich im 15. und frühen 16. Jahrhundert beliebten Figurentyps – läßt sich einer klar erkennbaren Gruppe von rhein-maasländischen Skulpturen des ausgehenden 13. und des frühen 14. Jahrhunderts einordnen. Als frühestes erhaltenes Werk dieses stilistischen Typus ist eine Madonna in den Musées d'Art et d'Histoire in Brüssel anzusprechen. Die Madonna der ehemaligen Sammlung Collard-Bovy in Brüssel zeigt den Typ in ähnlicher Ausprägung. Ihr läßt sich die Madonna der katholischen Pfarrkirche in Hommersum, Kreis Kleve, anschließen. Zugehörig ferner eine Madonnenfigur in der St. Pieterskerk zu Rotselaar sowie eine aus der Deutschordenskomturei Altenbiesen stammende Madonna der Pfarrkirche von Ryckhoven. Die Werkstatt möchte man in Lüttich um 1325–1330 suchen, kurz bevor der starke Einfluß der kölnischen Domchorplastik dominierend wird, denn noch erkennt man in der Ryckhovener Madonna und ihren ›Schwestern‹ das französische Urbild: die um 1290 entstandene Madonna des nördlichen Querschiffportals der Pariser Notre Dame.

Literatur: E. G. Grimme, Meisterwerke christlicher Kunst aus Aachener Kirchen- und Privatbesitz. In: Aachener Kunstblätter, Bd. 23, 1961, S. 22, 23. – E. G. Grimme, Beobachtungen zu einigen Madonnenskulpturen des hohen Mittelalters im Lüttich-Aachener Raum. In: Aachener Kunstblätter, Bd. 24/25, 1962/63, S. 158 ff., Abb. 9. – Kat. Rhein und Maas. Köln 1972, S. 368.

9 Thronende Muttergottes

Köln. 2. Viertel d. 14. Jahrhunderts
Köln, Schnütgen-Museum

Nußbaumholz; H 94 cm
Rückseitig ausgehöhlt.
Die Rechte Mariens fehlt, die Hände des Kindes ergänzt.
Ursprüngliche Fassung:
Gelbes Kleid, karminroter Mantel mit braunen Rosetten, Sockel und Kissen grün, das Gewand des Kindes krapprot.

Der leicht geneigte Blick Mariens ist auf das muntere, aufrechtstehende Kind gerichtet, das, mit einem langen Kleidchen angetan, mit seinem linken Fuß auf der Thronbank steht und den rechten auf das linke Knie der Mutter setzt. Mit der linken Hand stützt die Madonna den Knaben, der die eine Hand, wie Balance suchend, ausgestreckt hat und in der anderen ein Vögelchen hält. In schönem Ausgleich der Ponderationen ist der Oberkörper Mariens leicht nach

rechts geneigt. Sie trägt ein unter der Brust gegürtetes Gewand. Der über die Schultern gelegte Mantel wird vor dem Körper hochgezogen und bildet zwischen den Knien Schüssel- und Diagonalfalten.

Die thronende Muttergottes ist nach Typus, Stil und Gesichtsausdruck ein charakteristisches Werk der weitverbreiteten Gruppe hochgotischer kölnischer Sitzmadonnen.

Literatur: F. Witte, Die Skulpturen der Sammlung Schnütgen. Berlin 1912, T. 25, Nr. 3. – R. Hamann / K. Wilhelm-Kästner, Die Elisabethkirche zu Marburg und ihre künstlerische Nachfolge II. Marburg 1929, S. 198, 199, 201, Abb. 292. – Das Schnütgen-Museum. Eine Auswahl. Köln 1961, S. 71, T. 71.

10 Maria von einer Kreuzigungsgruppe

Bodenseegegend. 2. Viertel des 14. Jahrhunderts
Stuttgart, Württembergisches Landesmuseum

Lindenholz; H 184 cm
Vollrund.
Alte, nicht ursprüngliche Fassung. Haare und Gewänder ursprünglich völlig vergoldet.
Zu einer Kreuzigungsgruppe gehörig, die im Triumphbogen einer Kirche der Bodenseegegend über einem Querbalken frei im Raume stand. Der zugehörige Kruzifix verschollen.

Überschlank, einem kanellierten gotischen Pfeiler gleich, ist die Gestalt Mariens gegeben. In leidvoller Versunkenheit, der wortreiche Trauer

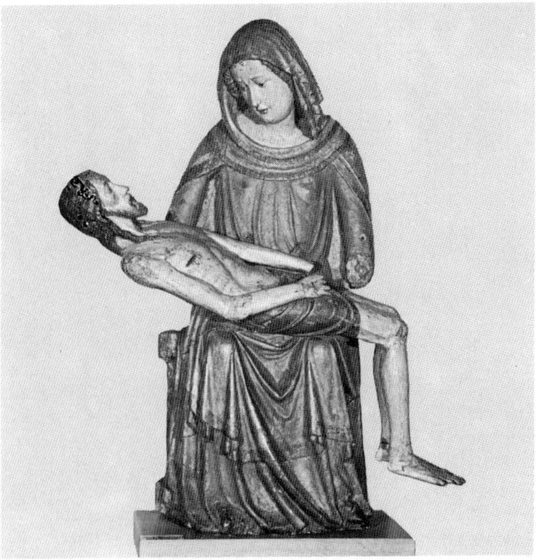

fremd ist, neigt sie ihr großflächiges, klargezeichnetes Antlitz. Der Mantel ist über das symmetrisch gescheitelte Haar gelegt und fällt in großen diagonalen und vertikalen Faltenzügen, die Figur einhüllend, zu Boden. Die Hände der Madonna sind gefaltet, eine Gebärde der Ergebenheit in das Gottgewollte. Edelsteine zieren die Mantelsäume.
Die Maria des Stuttgarter Museums steht stilistisch einem Vesperbild aus Radolfzell im Erzbischöflichen Museum Freiburg besonders nahe.

Literatur: J. Baum, Schwäbische Bildwerke im Zeitalter der Mystik. In: Zeitschrift f. bild. Kunst, N. F., XXIX, 1917, S. 7 ff. – J. Baum, Deutsche Bildwerke des 10. bis 18. Jahrhunderts. 1917, S. 75 ff. – J. Baum, Gotische Bildwerke Schwabens. Augsburg/Stuttgart 1921, S. 153, Abb. 67/68. – H. Walzer, Schwäbische Plastik im Württembergischen Landesmuseum Stuttgart. Stuttgart o. J., S. 21, Abb. 10.

11 Marienklage

Süddeutsch (Bodensee?).
2. Viertel des 14. Jahrhunderts
Aachen, Städt. Suermondt-Museum, Sammlung Ludwig
Ehem. Sammlung Schuster. Bis 1917 Städt. Suermondt-Museum, Aachen

Lindenholz; H 125 cm
Wandgruppe, innen ausgehöhlt.
Große Teile alter Fassung.
Die Hände Mariens, die linke Hand Christi fehlen, die Finger der rechten Hand Christi beschädigt, der rechte Fuß Mariens stark beschädigt.

Die aufrechtsitzende Maria hält auf ihrem Schoß den Leichnam Christi. Der Blick der Mutter ist auf die Gestalt des Toten gerichtet. Ein Kopftuch, das nach beiden Seiten über Haupt und Schultern herabfällt und sich mantelartig fortsetzt, umgibt das von verhaltenem Schmerz gezeichnete Gesicht. Das durch einen Gürtel geraffte Gewand bildet zwischen den Knien weite, raumhaltige Falten. Im Gegensatz zu den meisten Pietàdarstellungen des 14. Jahrhunderts ist der tote Christus nicht aufgerichtet, sondern liegt waagerecht. Er ist im Verhältnis klein wiedergegeben, um das Kindhafte zu betonen.

Stilistisch fällt bei unserem Vesperbild die Verwandtschaft zu italienischen Darstellungen ins Auge. Das von verhaltenem Schmerz gezeichnete Antlitz Mariens steht im Ausdruck italienischer Trecento-Malerei nahe. Ähnlichen, von Liebe, Zärtlichkeit und Trauer gezeichneten Köpfen begegnet man in den Fresken Pietro Lorenzettis zu Assisi. – Zum Vergleich eignet sich das Vesperbild der Kirche zu Salmdorf bei München sowie das vom Oberrhein stammende Vesperbild des Badischen Landesmuseums in Karlsruhe, beide aus der Mitte des 14. Jahrhunderts. Daß bei den deutschen Skulpturen dieser Zeit der französische Einfluß groß gewesen ist, beweist in der Aachener Gruppe vornehmlich der edle Faltenwurf, der die Pietà mit der aus französischem Geist lebenden Madonna der Klosterkirche in Maulbronn verbindet.

Literatur: Versteigerungskatalog: Alte Gemälde, Skulpturen, Schnitzereien aus dem Besitz der Museen der Stadt Aachen. München 1917 (Helbing, Nr. 69, T. X). – H. Wilm, Die Sammlung Georg Schuster. München 1937, S. 18, Abb. 15, 25. – Versteigerungskatalog: J. Böhler, München 1938 ›Sammlung Schuster‹, Nr. 4. – E. G. Grimme, Fünf Jahre Neuzugänge der Aachener Museen. In: Aachener Kunstblätter, Bd. 33, 1965, S. 16 ff.

12 Thronende Muttergottes
Böhmen. Um 1360–1370
Ehem. rheinischer Privatbesitz

Lindenholz; H 75 cm
Vollplastisch, der Thron rückseitig ausgehöhlt.
Über dem fast vollständig erhaltenen Kreidegrund Teile der alten Fassung erhalten: Der Mantel Mariens gold mit blauem Futter, das Kopftuch weiß, das Kissen rot, der Sockel grün.
Der Apfel, den das Kind hält, erneuert.

Auf schmaler, kissenbelegter Bank thront Maria als Himmelskönigin. Über das Haupt ist ein Kopftuch gebreitet, das von einer Krone gehalten wird. Seine kleinen, dütenförmigen Falten lassen Ringellokken sichtbar werden, die wie ein kostbarer Schmuck das Antlitz der Madonna rahmen. Die zartgeschnittenen, mandelförmigen Augen, der gerade Nasenrücken, der feinlippige Mund bestimmen den Eindruck des breiten Gesichts mit der hohen Stirn. Eine eigenartige Doppelbewegung – der Körper ist leicht zurückgebeugt und gleichzeitig nach rechts gerichtet – bestimmt die Haltung der Figur. Von schöner Vielfalt ist der Fluß der Falten, die im Kopftuch feinteilige Kaskaden bilden und im Mantel in großen Diagonalschwüngen vom Rücken her über die Knie zu Boden fallen. Auf dem rechten Knie der Mutter sitzt segnend das Kind. In der Linken hält es die Weltkugel. Der Mantel, in den es gehüllt ist, gleitet von seinem Rükken und bildet über den Knien ein neuerliches Faltenlabyrinth. Die Linke Mariens hat ehemals ein Zepter gehalten.

Die Gruppe gehört offenbar in den größeren Zusammenhang einer ›Anbetung der Könige‹, wie es die Haltung des Kindes nahelegt. Nächste stilistische Entsprechungen finden sich in der böhmischen Kunst zur Zeit des Meisters von Hohenfurth, dessen Christuszyklus in der Prager Nationalgalerie starke Beeinflussungen durch die sienesische Kunst des Trecento aufweist. Näher stehen der thronenden Maria aber vielleicht noch innerhalb der böhmischen Malerei die Madonna aus Veveri (Eichhorn), die Strahover Madonna der Prager Nationalgalerie sowie die Madonna aus Glatz im Deutschen Museum Berlin (vgl. A. Matejcek / J. Pesina, Gotische Malerei in Böhmen. Prag o. J., T. 5–32). Im Bereich der Plastik weisen Beeh/Schnitzler auf die Madonnen von Buchlowitz, Iglau und Jauer als nahe verwandt hin. Auch ein Schmerzensmann in Brünn läßt sich mit der Madonna stilistisch zusammensehen. »Jedoch ist diese feiner in der Ausführung; sie zählt in ihrer kapriziösen Eleganz zum erlesensten, was die offenbar höfisch und von Prag her bestimmte Bildnerei im böhmisch-schlesischen Bereich hervorgebracht hat.«

Literatur: Katalog: Bewahrte Schönheit. Mittelalterliche Kunst der Sammlung Hermann Schwartz. Bearb. v. W. Beeh in Verb. mit H. Schnitzler. In: Aachener Kunstblätter, Bd. 21, 1961, Nr. 22, T. 17.

13 Die Friesentor-Madonna

Köln. 3. Viertel des 14. Jahrhunderts

Köln, Schnütgen-Museum

Nach der Überlieferung stammt die Madonna aus dem 1882 abgebrochenen Kölner Friesentor.

Nußbaumholz; H 132 cm

Vollrund gearbeitet.

Schön erhaltene alte Fassung mit goldenem Mantel. Am Sockel Verwitterungsschäden. Der rechte Unterarm Mariens und des Kindes fehlen.

In feiner Schwingung ist die Gestalt Mariens gegeben. Das freundliche Gesicht mit der hohen Stirne wird von einem Kranz reichgelockten Haares gerahmt, über das in Höhe der Schultern ein vor der Brust gehaltenes Tuch gelegt ist. Der Mantel der Madonna wird vor dem Körper gerafft und läßt in Höhe

der Knie das Gewand sichtbar werden. Rundschwingende und langzügige Falten stehen in feinem Kontrast zu den Faltenkaskaden, die vom linken Arm herabfließen. In der Armbeuge sitzt das unbekleidete Kind, das mit einem Vogel spielt.
Die stilistischen Voraussetzungen der Friesentor-Madonna liegen in der Gewändeplastik am Petrusportal des Kölner Domes.

Literatur: E. Beitz, in: Zs. f. christl. Kunst XXXIII, 1920, S. 33. – E. Beitz, in: Berichte a. d. Kunstslgn. d. Stadt Köln. Köln 1924, S. 30, Abb. 28. – R. Hamann, in: Wallraf-Richartz-Jb., 1930, S. 38, Abb. 59. – H. J. Apfelstaedt, in: Marburger Jb. f. Kw. VIII–IX, 1936, S. 72, Abb. 83. – E. Trier, Die Propheten des Kölner Rathauses. Diss. Bonn 1952. – Das Schnütgen-Museum. Eine Auswahl. Köln 1961, Nr. 98. – P. Bloch, Kölner Madonnen. Mönchengladbach 1961, S. 18, Nr. 22. – Katalog: Kunst um 1400 am Mittelrhein. Frankfurt 1976, Nr. 26.

14 Stehende Muttergottes
Köln. Um 1370–1380
Lugano-Castagnola, Sammlung Schloß Rohoncz
Ehem. Sammlung Dr. L. Seligmann, Köln

Eichenholz; H 32 cm
Vollrund gearbeitet.
Alte Fassung: Blaues Gewand mit Resten von Gold, heller, grün gefütterter Mantel, fleischfarbene Gesichter und Hände, an den Locken Reste von Vergoldung.

Die Haltung der Madonna wird von der ausschwingenden Hüfte bestimmt. Das liebliche Köpfchen der Mutter wendet sich dem Kinde zu, das auf dem linken Arm Mariens sitzt und in das Spiel mit einem Vögelchen versunken ist. In der rechten Hand hält sie das marianische Symbol der mystischen Rose. Um die schlanke Gestalt ist in lockerer Drapierung der Mantel gelegt, der, vor dem Körper hochgezogen, von der Linken gerafft wird und in melodischem Faltenspiel dem Boden aufliegt.
In der Muttergottes aus der Sammlung Seligmann hat die kölnische Kunst des 14. Jahrhunderts ihr wohl anmutigstes und kostbarstes Werk geschaffen. Stilistisch geht sie unmittelbar auf die Friesentor-Madonna des Kölner Schnütgen-Museums zurück (vgl. Nr. 13). Nahe verwandt ist eine Madonna in Nürnberg (W. Josephi, Die Werke plastischer Kunst im Germanischen National-Museum. Nürnberg 1910, Nr. 222) und Luzern (H. Wilm, Die gotische Holzfigur. Stuttgart 1940, Nr. 95, 96). Wohl vom gleichen Meister die ›Muttergottes in der

Sonne‹ des Kölner Schnütgen-Museums (vgl. Nr. 15) und eine ›Törichte Jungfrau‹ der Sammlung Dr. C. E. Koch, Köln (Kat.: Große Kunst des Mittelalters aus Privatbesitz. Köln 1960, Nr. 44). Die Muttergottes aus der Sammlung Seligmann weist im Rücken eine Reliquienkammer auf.

Literatur: E. Beitz, in: Zs. f. christl. Kunst XXXIII, 1920, S. 33. Abb. 1. – E. Lüthgen, Die abendländische Kunst des 15. Jahrhunderts. Bonn/Leipzig 1920, S. 29, T. 4. – E. Lüthgen, Rheinische Kunst des Mittelalters aus Kölner Privatbesitz. Köln 1927, Nr. 16. – P. Clemen / O. v. Falke / G. Swarzenski, Die Sammlung Dr. Leopold Seligmann. Köln/Berlin 1930, Nr. 151, T. 53 u. 54. – Sammlung Schloß Rohoncz III, Plastik und Kunsthandwerk. Bearb. v. H. Feulner. Lugano-Castagnola 1941, Nr. 58, T. 24. – Katalog: Große Kunst des Mittelalters aus Privatbesitz. Köln 1960, S. 35, T. 38. – P. Bloch, Kölner Madonnen. Mönchengladbach 1961, S. 19, Nr. 23, T. 23. – Katalog: Kunst um 1400 am Mittelrhein. Frankfurt 1976, Nr. 28.

15 Muttergottes in der Sonne
Köln. Ende des 14. Jahrhunderts
Köln, Schnütgen-Museum
Aus einem Kölner Haus stammend

Nußbaumholz; H 33 cm
Rückseite flach gearbeitet.
Alte Fassung und Vergoldung.
Der linke Arm des Kindes und das Krönchen verloren.

Nach Art der italienischen Madonna del Umiltà ist die mädchenhaft zierliche Maria in kauernder Stellung gegeben. Lang und wellenförmig fließt ihr aufgelöstes Haar über Schultern und Brust herab. Der feine Kopf mit der hohen Stirn ist leicht geneigt, der Blick auf das Kind gerichtet, das sie wiegend in ihren Händen hält. In spielerischer Geste hat der halbbekleidete Knabe die rechte Hand mit dem erhobe-

nen Zeigefinger ausgestreckt. Das Faltengeschiebe des Mantels geht nach unten zu in den zentrifugal kreisenden Flammenkranz der Sonne über. Dieses eigenartige Motiv weist auf die In-Eins-Setzung Mariens mit dem apokalyptischen ›Weib in der Sonne‹ hin.
Wohl vom gleichen Meister wie die Madonnenstatuette der ehemaligen Kölner Sammlung Dr. L. Seligmann (jetzt Slg. Schloß Rohoncz in Lugano; vgl. Nr. 14). Der Stil erwächst aus der kölnischen Plastik im Umkreis des Meisters der Friesentor-Madonna.

Literatur: O. Isphording, Zur Kölner Plastik des XV. Jh. Bonn 1912. – E. Beitz, in: Zs. f. christl. Kunst, XXXIII, 1920, S. 33, Abb. 2. – H. Chorus, Gotische Kleinbildwerke des Schnütgen-Museums. Köln 1932, S. 12. – Das Schnütgen-Museum. Eine Auswahl. Köln 1961, Nr. 88. – P. Bloch, Kölner Madonnen. Mönchengladbach 1961, S. 19, Nr. 24. – Katalog: Unsere Liebe Frau. Aachen 1958, Nr. 12.

16 Löwenmadonna

Salzburg. Spätes 14. Jahrhundert
Berlin (West), Staatliche Museen Preußischer Kulturbesitz, Skulpturen-Abteilung
Stammt aus Wals, 1922 über den Münchener Kunsthandel in die Sammlung Wilm gelangt.

Kiefernholz (Zirbelkiefer?);
H 48 cm
Vollrund gearbeitet.
Alte, wenig übergangene Fassung großenteils erhalten:
Goldener Mantel, blaugrün gefüttert, weißer Schleier, Gewand des Kindes weiß mit goldenen Säumen, Sockel grün.
Die Linke Mariens und die Krone fehlen; der Schleier auf der Brust an einer Stelle abgearbeitet.

Die bogengleich gespannte schlanke Gestalt Mariens steht auf einem Löwen, der seinen Kopf dem Betrachter zugewandt hat. Der Schleier der Jungfrau ist auf die Schulter herabgeglitten und bildet zusammen mit dem Mantel schön geschwungene Diagonalfalten. Sie stellen einen eindrucksvollen formalen Kontrast dar zu den langen, schrägen Röhrenfalten des Gewandes und den reichen Faltenkaskaden, die sich bei den über die Arme der Madonna herabgleitenden Mantelbahnen bilden. Das kaum merklich lächelnde Antlitz ist dem Betrachter zugewandt. Auf ihrem rechten Arm trägt Maria das segnende Kind.
»Gleich wie der Löwe durch sein Gebrüll die Jungen zum Leben erweckt, hat Maria dem Herrn das menschliche Leben gegeben.« Mit diesen Worten beschreibt der Wiener Dominikaner Franz von Reetz (1385–1411) den Sinn der Löwendarstellung in Verbindung mit Maria. Seit der zweiten Hälfte des 14. Jahrhunderts läßt sich, zuerst in Schlesien, der Typ der Madonna auf dem Löwen nachweisen. Doch gibt es Vorstufen, die etwa nach Art des Marmorbildwerks im Magdeburger Dom Maria auf Aspis und Basilisk stehend zeigen, wie es Psalm 91,13 schildert.
Eine nah verwandte Gruppe im Bayerischen Nationalmuseum entstand nur wenig früher. Sie zählt wie das Mönchengladbacher Beispiel zu den Salzburger Löwenmadonnen. Vermutlich spiegeln sie beide

ein uns nicht mehr bekanntes Gnadenbild. Großmann hat zur stilistischen Einordnung die Steingußfigur der heiligen Erentrudis vom Nonnberg herangezogen.

Literatur: H. Wilm, Die gotische Holzfigur. Leipzig 1923, S. 162, T. 40. – H. M. Halm / G. Lill, Die Bildwerke des Bayerischen Nationalmuseums. Augsburg 1924, Nr. 150. – Ph. M. Halm, Studien zur süddeutschen Plastik I. Augsburg 1926, S. 45. – M. Hartig, in: Das Münster I, 1947/48, S. 273. – Katalog: Bewahrte Schönheit. Mittelalterliche Kunst der Sammlung Hermann Schwartz. Bearb. v. W. Beeh in Verb. mit H. Schnitzler. In: Aachener Kunstblätter, Bd. 21, 1961, Nr. 29, S. 18, T. 20. – Katalog: Schöne Madonnen 1350–1450. Bearb. v. D. Großmann. Salzburg 1965, Nr. 11, S. 64, Abb. 4.

17 Schöne Madonna

Böhmisch-ostdeutsch. Um 1400 (nach anderer Meinung: Rheinisch. Um 1390)
Bonn, Rheinisches Landesmuseum
1903 aus der Kölner Sammlung Thewalt erworben.
Kalkstein; H 117,5 cm
Die rechte Hand und Krone Mariens, Oberkörper und Füße des Kindes fehlen.
Reste alter Fassung.

Das liebreizende Antlitz leicht nach rechts geneigt, steht Maria aufrecht da. Über das in weichen Wellen vom Gesicht auf die Schultern zurückflutende Haar ist in lyrischem Faltenfluß ein Kopftuch gebreitet. Eine (heute nicht mehr vorhandene) Krone zierte das Haupt. Auf dem linken Arm trägt die Mutter das unbekleidete Kind. Trotz der starken Zerstörung läßt sich aufgrund des Vergleichs mit der nahverwandten Schönen Madonna der Johanniskirche in Thorn das Motiv des Kindes, das mit beiden Händen nach einem Apfel griff, den die Mutter ihm reichte, rekonstruieren. Ein weiter, unter dem rechten Arm Mariens geraffter Mantel bildet mächtige, sich rundende Faltenzüge, die nach unten zu gebrochen werden und in flüssigem Schwung dem Boden aufliegen.
Die Madonna der Sammlung Thewalt ist eine charakteristische Vertreterin der ›Schönen Madonnen‹. W. Pinder hat diesen Begriff um 1920 in die Kunstgeschichte eingeführt, um mit ihm einen bestimmten Madonnentyp des weichen Stils der Zeit um 1400 zu charakterisieren. Ihm ist besondere Lieblichkeit

Madonnen. Berlin – New York 1974, S. 27 ff.) nimmt eine Entstehung im Rheinland um 1390 an.

Literatur: F. Rademacher, Die ›Schöne Madonna‹ im Bonner Landesmuseum. In: Pantheon XVII, 1936, S. 14 ff. – K. H. Clasen, Die Schönen Madonnen. Königstein i. T. o. J. – A. Feulner / Th. Müller, Geschichte der deutschen Plastik. München 1953, S. 234, Abb. 188. – W. Paatz, Prolegomena zu einer Geschichte der deutschen spätgotischen Skulptur im 15. Jahrhundert. Heidelberg 1956, S. 27 ff., bes. S. 31. – Ausstellung Europäische Kunst um 1400. Wien 1962, Katalog Nr. 424 (Krummauer Madonna). – A. Kutal, české Gotické, Socharstvi 1350–1450. Prag 1962, S. 95. – A. Kutal, La ›Belle Madonne‹ de Budapest. In: Bulletin du Musée Hongrois des Beaux-Arts 1963, S. 21 ff. – Katalog: Aus Rheinischer Kunst und Kultur. Auswahlkatalog des Rheinischen Landesmuseums Bonn 1963. Düsseldorf 1963, Nr. 113, S. 144, T. 113. – P. Becker, Das Bild der Madonna. Salzburg 1965, S. 94.

und betont jugendliche Mutterschaft eigentümlich. Zur Lyrik der plastischen Gestaltung gesellte sich die strahlende Schönheit der farbigen Fassung. Die Bonner Skulptur ist eines der Hauptwerke der Gruppe der Schönen Madonnen. Wie für ihre Schwestern aus der Magdalenenkirche in Breslau (heute Warschauer Nationalmuseum) und der Johanniskirche in Thorn gehen die Meinungen über das Entstehungsgebiet dieser Skulpturen bis heute weit auseinander. Übereinstimmung besteht lediglich in der Annahme, daß man in der böhmischen Tafelmalerei eine wichtige Voraussetzung zu den Schönen Madonnen sehen muß. Die Meisterwerke in Bonn, Thorn und Warschau stammen wohl aus der gleichen Werkstatt. K. H. Clasen (Der Meister der Schönen

18 Sog. Madonna aus Venedig
Salzburg (?). Um 1410
Düsseldorf, Kunstmuseum
1934 vom Düsseldorfer Kunstmuseum aus Berliner Kunsthandel erworben. Die Madonna stammt aus einem venezianischen Kloster.

Steinguß; H 112 cm
Ausgearbeitete Rückseite.
Übergangene und ergänzte alte Fassung: gelblich-rosa Inkarnat, weißes Kopftuch, blauer, goldgesäumter Mantel, rotes Gewand.
Von der Krone nur ein Reif erhalten, großer Zeh vom linken Fuß des Kindes fehlt.

In starker gegenwendiger S-Kurve ist die Gestalt Mariens gegeben. Das über das nach rechts geneigte Haupt gebreitete Kopftuch fällt in

reichen Faltenkaskaden zu beiden Seiten herunter. Ein fülliger Mantel ist um die Gestalt Mariens gelegt und bildet in der Gürtelhöhe durch den herausgreifenden rechten Arm eine mächtige Faltenschüssel. Das unbekleidete Kind sitzt mit überkreuzten Beinchen auf dem linken Unterarm der Mutter und greift nach einer Birne, die Maria ihm gibt. In großer rhythmischer Folge bildet der Mantel bogenförmige Falten, die über dem abgewinkelten linken Knie an Volumen verlieren, um dann in einer mächtigen Diagonalbewegung, die vom Gürtel bis zum Fuß reicht, zur großen Form anzuschwellen.

In der umfangreichen Literatur wird die Figur meist dem Salzburger, mitunter auch dem böhmischen Kunstkreis eingeordnet. Zuletzt hat sich D. Großmann (s. u.) eingehend mit der älteren Literatur auseinandergesetzt. Trotz teilweiser Anlehnung an Werke des 14. Jahrhunderts sieht er in der Plastik ein späteres Werk, dem die größten schöpferischen Leistungen, wie etwa die Thorner Madonna, vorausgehen. Er hält eine Herkunft aus der Werkstatt der Salzburger Franziskanermadonna für möglich. Dagegen lokalisiert K. H. Clasen (Der Meister der Schönen Madonnen. Berlin – New York 1974, S. 203 f.) ins Rheinland und weist die Madonna einem deutschen Nachfolger des »Meisters der Schönen Madonnen« aus der rheinischen oder norddeutschen Frühstufe um 1410 zu.

Literatur: F. Kieslinger, Zur Geschichte der gotischen Plastik in Österreich. Wien 1923, S. 69 f. – Katalog: Gotische Plastik. Städt. Museum Düsseldorf 1919, Abb. 52 bis 54. – F. Kieslinger, Österreichische Frühgotische Madonnenstatuen. In: Jb. der österreichischen Leo-Gesellschaft, 1932, T. 15, Abb. 87. – L. A. Springer, Die bayerisch-österreichische Steingußplastik an der Wende vom 14. zum 15. Jahrhundert. Diss. Leipzig. Würzburg 1936, S. 22, 92, 196, Nr. 37. – K. H. Clasen, Die Schönen Madonnen. Königstein i. T. o. J. S. 41. – Katalog: Düsseldorfer Kunstschätze in Villa Hügel. 1958, Nr. 89, Abb. 29. – Katalog: Kunstmuseum Düsseldorf. 1962, Nr. 241, Abb. 41. – Katalog: Schöne Madonnen. 1350–1450. Bearb. v. D. Großmann. Salzburg 1965, Nr. 21, S. 74, Abb. 10. – Katalog: Kunst um 1400 am Mittelrhein. Frankfurt 1976, Nr. 2.

19 Thronende Maria mit Kind
Meister von Seeon. Zwischen 1412 und 1433
München, Bayerisches Nationalmuseum
Mittelfigur eines Altarschreines aus dem Benediktinerkloster Seeon im Chiemgau. 1855 aus Seeon erworben.

Lindenholz; H 108, B 84 cm
Abgeflachte Rückseite, die Thronbank unten ausgehöhlt.
Gut erhaltene alte Fassung: Goldener Mantel mit rotem Futter, rotes Gewand.

Auf breiter, kissenbelegter Thronbank sitzt Maria. Die Krone weist sie als Königin des Himmels aus, der Apfel, den sie in der Rechten hält, bezeichnet sie als die ›Neue Eva‹, die die Sünde der Stammmutter gesühnt hat. Der Blick der Madonna ist auf den Betrachter gerichtet. Dadurch ist auch heute noch die richtige höhenmäßige Aufstellung im Schrein eines Altars zu rekonstruieren. Erst wenn diese durch das Blicken gegebene Verbindung zwischen Bildwerk und Betrachter hergestellt ist, gewinnt das Werk seine volle Schönheit und seinen ganzen Beziehungsreichtum. In weichen Dütenfalten legt sich das unter der mächtigen Blattkrone herabfließende Kopftuch über Haar und Schultern der Madonna. Ein faltenreicher Mantel ist in melodischem Rhythmus über die Knie gelegt, hier lange Röhrenfalten bildend, dort spitzwinklig einknikkend oder in S-förmigem Schwung auf der Bank aufliegend. Die Rechtsneigung des Körpers ist durch das auf dem linken Knie der Mutter sitzende Kind motiviert. Es ist unbekleidet und weist mit dem Zeigefinger seiner rechten Hand auf eine Textstelle in dem aufgeschlagenen Büchlein, das es mit seiner Linken hält.

Die thronende Madonna ist das namengebende Werk des Meisters von Seeon, der maßgebenden Anteil an der Stilbildung der Salzburger Plastik am Ausgang des weichen Stils hat. Deutlich ist der enge Anschluß an die ›Schönen Madonnen‹, doch wirken die Figuren des Seeoner Meisters »ein wenig strenger, ein wenig hoheitsvoller, ein wenig distanzierter als diese« (D. Großmann). Als weitere Werke des Meisters von Seeon sind die Schöne Madonna des ehemaligen Hochaltars der Pfarrkirche Sankt

Martin in Weildorf, die stehende Madonna der Filialkapelle in Inzersdorf bei Schlierbach, die thronende Madonna vom Hochaltar der Frauenkirche in Wasserburg am Inn und die Madonna vom ehemaligen Hochaltar der Pfarrkirche Mariä Himmelfahrt in Ranoldsberg anzusehen (Zusammenstellung im Katalog: Schöne Madonnen, a. a. O., S. 98 ff.).

Literatur: Zuletzt: Kunst und Kunsthandwerk. Meisterwerke im Bayerischen Nationalmuseum in München. München 1955, S. 41 f., Nr. 24 m. T. – Katalog: Schöne Madonnen. Salzburg 1965, S. 98: Der Meister von Seeon, seine Nachfolge und der Ausklang des schönen Stils (mit weiterführender Lit.). – P. Becker, Das Bild der Madonna. Salzburg 1965, S. 135, T. 118/119. – K. H. Clasen, Der Meister der Schönen Madonnen. Frankfurt 1974.

20 Stehende Muttergottes
Salzburg. Um 1420
Privatbesitz

Zirbelholz; H 94 cm
Vollrund gearbeitet.
Die alte Fassung größtenteils erhalten: Der Mantel Mariens weiß mit Goldborte und rotbraun gefüttert, das Kleid rot mit weißen Blumen und Goldborte, das Kopftuch blaugrau, rot abgesetzt, die Haare gold.
Eine Gewandfalte im Rücken wenig abgearbeitet.

Vom gekrönten Haupt Mariens, das leicht zur Seite geneigt ist, fließt ein schön gefältelter Schleier auf die Schultern herab. Der Blick der Mutter wendet sich dem Kind zu, das sie auf ihren Händen vor sich hin hält. Unter dem Knaben, der zur Madonna emporschaut, legt sich der Mantel Mariens in eine tiefe Schüsselfalte und zieht breit fallend und in weicher Faltengebung zum vorgestellten Fuß herab. Er gleitet in kunstvoller Schürzung vom Arm der Madonna und legt sich vor das über den Knöcheln eingeschnürte Untergewand.
Die stehende Muttergottes folgt dem in Böhmen unter französischer Anregung gegen Ende des 14. Jahrhunderts entstandenen Typ der ›Schönen Madonnen‹ und hier vornehmlich dem Prototyp: der Thorner Maria. Das Motiv der über die Arme herabfallenden Faltenkaskaden entlehnt sie dem Leitbild der Krummauer Madonna. Stilistisch

gehört unsere Figur zur Gruppe jener Salzburger Skulpturen, die im Typ zwar den südböhmischen Vorbildern verpflichtet sind, darüber hinaus aber eine oberösterreichische Sonderleistung des europäischen weichen Stils bedeuten. Zum Vergleich eignet sich vor allem die Muttergottes in der Salzburger Franziskanerkirche, die, wie Beeh und Schnitzler zeigen, wenig vor unserer Madonna entstanden sein muß. Etwas später dürfte die Schöne Madonna in der Salzburger Peterskirche geschaffen worden sein. »Neben diesen beiden Steinfiguren ist sie die schönste und anmutigste hölzerne ›Schöne Madonna‹ des Salzburger Kunstkreises und muß wie diese ein berühmtes Gnadenbild gewesen sein.«

21 Thronende Maria mit Kind
Oberschwaben. Um 1420–1430
Karlsruhe, Badisches Landesmuseum

Lindenholz; H 87 cm
Figur und Sockel aus einem Stück, rückseitig ausgehöhlt.
Gut erhaltene alte Fassung.
Die Krone Mariens in Verlust geraten.

Auf kissenbelegter Bank thront die Mutter. Auf ihrem linken Knie sitzt das nackte Kind, das mit seinem rechten Arm nach einem Apfel greift, den Maria ihm mit der rechten Hand darreicht. Der Kopf der Madonna ist leicht zur linken Seite hin geneigt. Lockenwellen und die Faltenkaskaden des Kopftuchs rahmen das rundliche Gesicht. Maria trägt über ihrem Gewand mit dem plisseeartig gefältelten Rock einen vor der Brust gehaltenen Mantel. Seine über die Knie gezogenen Stoffmassen bilden düten- und schüsselförmige Falten. In den großen, dreieckigen Aufbau der Gruppe ist der mächtige Sockel mit dem Relief des Mondgesichtes in der Sichelkrümme einbezogen. Horizontale und Vertikale sind in schönem, formalem Ausgleich gegeneinander ausgewogen. Königliche Würde und mütterliche Milde verbinden sich miteinander.
Die Voraussetzung zur Stilbildung des Schöpfers dieser Madonna liegt im Werk des Meisters Hartmann an der Vorhalle des Ulmer Münsters. »Die dort noch durch den Stein bedingte schematische Strenge ist hier verlebendigt und ins Lieb-

liche gewendet.« Verwandte, doch künstlerisch nicht ebenbürtige Skulpturen gibt es in Oberschwaben (vgl. R. Schnellbach, a. a. O.).

Literatur: R. Schnellbach, Spätgotische Bildwerke. Eine Auswahl aus den Beständen des Badischen Landesmuseums. Karlsruhe 1962, Nr. 8, 9. – Badisches Landesmuseum, Neuerwerbungen 1952–1965. Karlsruhe 1966, S. 60 m. Farbabb.

22 Schutzmantelmadonna
Seeschwaben. Um 1420
Aachen, Städt. Suermondt-Museum
Die Gruppe stammt aus Herlatzhoven in Württemberg.

Lindenholz; H 117,5 cm
Wandfigur, Rücken ausgehöhlt.
Krone, Mantelschließe, einzelne Perlen am Gürtel sowie der linke Fuß des Kindes ergänzt.
Ohne Fassung.

Eine der schönsten Bildschöpfungen des Zeitalters der Mystik ist das Schutzmantelbild. Maria breitet den Mantel aus, um Hilfesuchende und Bedrängte in ihren Schutz zu nehmen. In königlicher Würde, dabei entspannt und anmutig, steht die Madonna, den Blick auf die Schutzsuchenden zu ihren Füßen – fünf Frauen und vier Männer – gerichtet, die sich in der Mantelfülle geborgen wissen. In weichen Faltenkaskaden fällt das Kopftuch unter der Krone hervor. Der weite Mantel umhüllt die Figur und umfaßt gleichzeitig die Gruppen der Schutzsuchenden. Das Gewand legt sich in große Vertikalfalten, die in weichem Schwung auf dem Boden aufliegen. Links hält die Mutter das Kind, das mit einem Händchen den Mantel ergreift und damit den Schutzsuchenden die ›Geborgenheit in Christo‹ verleiht.
Nächstverwandt sind das Schutzmantelbild aus Gößlingen in der Rottweiler Lorenzkapelle und die Madonna aus Ottenweiler (O.-A. Riedlingen) im Württembergischen Landesmuseum, Stuttgart.

Literatur: H. Schweitzer, Die Skulpturensammlung im Städtischen Suermondt-Museum zu Aachen. Aachen 1910, S. 47, T. 1. – W. Pinder, Die deutsche Plastik vom ausgehenden Mittelalter bis zum Ende der Renaissance. Wildpark–Potsdam 1919/1924, S. 190, 325. – J. Baum, Gotische Bildwerke Schwabens. Augsburg–Stuttgart 1921, T. 48/49. – J. Baum, Deutsche Bildwerke des 10. bis 18. Jahrhunderts. Stuttgart–Berlin 1917, S. 24, Abb. 31. – A. Pfeffer, Schwäbische Schutzmantelbilder aus der Frühzeit des XV. Jahrhunderts. In: Zs. f. christl. Kunst XXXII, 1919, S. 37 ff., Abb. 3. – G. Weise, Mittelalterliche Bildwerke des Kaiser-Friedrich-Museums, und ihre nächsten Verwandten. Reutlingen 1924, S. 14, Abb. 4. – E. G. Grimme, Das Suermondt-Museum. In: Aachener Kunstblätter, Bd. 28, 1963, S. 125. – Katalog: De Madonna in de Kunst. Antwerpen 1954, Nr. 161, T. XXIX. – Katalog: Unsere Liebe Frau, Aachen 1958, Nr. 61, T. 34.

23 Maria mit Kind

Mittelrhein. Um 1420

Aachen, Städt. Suermondt-Museum

Lindenholz; H 102 cm

Wandgruppe, Rücken ausgehöhlt.

Ohne Fassung.

Das Gesicht Mariens wird von einem Haarkranz umgeben, über den ein gesäumtes Kopftuch gelegt ist, das ursprünglich unter einer Krone auf die Schultern herabfloß. Das Antlitz ist in gütigem Lächeln entspannt. Die feine, langgliedrige linke Hand hält den Apfel, das alte marianische Symbol. Das Christuskind, das seinen Kopf, den Betrachter anlächelnd, zur Seite neigt, greift in spielerischer Geste nach der Frucht. Mit der linken Hand faßt es den Schleier der Mutter. In feiner Naturbeobachtung bilden die Finger der rechten Hand Mariens, die das Kind hält, kleine Mulden in dem Körperchen des Jesusknaben. In großen Faltengehängen ist das Gewand der Madonna drapiert. Die Schüsselfalten, die sich vor dem Körper bilden, erhalten in den langen Röhrenfalten und in den Faltenkaskaden des über den Arm gezogenen Gewandes ihr formales Gegengewicht. Das kontrapostisch vorgestellte linke Bein steht auf einer Mondsichel. Weichfließende Bewegung bestimmt den Rhythmus der Figur.

W. Beeh hat auf die enge Verwandtschaft zu den Madonnen in der Pfarrkirche von Iversheim, der Kapelle zu Staffel bei Ahrweiler und der Muttergottes aus Kaub im Hessischen Landesmuseum Kassel sowie einer nur 24,5 cm hohen Statuette im Museo Nazionale zu Florenz aufmerksam gemacht. Zudem sei auf eine überlebensgroße Marienstatue aus dem Marienhospital Hollogne sur Geer, die aus dem Lütticher Raum kommt, verwiesen. Sie ist noch vor 1400 entstanden und scheint im Typus ein Werk aus der Nachfolge der angeblich aus Lüttich stammenden Muttergottes aus Marmor in der Kathedrale von Antwerpen zu sein.

Literatur: H. Schweitzer, Die Skulpturensammlung im Städtischen Suermondt-Museum zu Aachen. Aachen 1910, Nr. 54. – W. Beeh, Die Iversheimer Muttergottes mit dem schreibenden Christuskind. In: Jahrbuch der rhein. Denkmalpflege, Bd. XXIV, Kevelaer 1962, S. 95, Abb. 136. – E. G. Grimme, Das Suermondt-Museum. In: Aachener Kunstblätter, Bd. 28, 1963, S. 111.

24 Altärchen aus Dornstadt

Ulm. Um 1420
Stuttgart, Württembergisches Landesmuseum
Aus der Kirche in Dornstadt (O.-A. Blaubeuren)

Lindenholz; H der Madonna 87 cm
H des Schreins 161 cm,
B mit geöffneten Flügeln 197 cm
Alte Fassung: Gewänder vergoldet mit blauem Futter, goldene Krone, weißes Kopftuch, roter Sockel.

In einem Altarschrein mit drei spitzen Giebeln steht Maria zwischen Barbara und Katharina. Den Figuren ist der ganze Liebreiz des weichen Stiles eigentümlich. Unter der mächtigen Krone der Madonna fließt ein weiches Kopftuch auf die Schultern herab und legt sich vor der Brust über den feingefältelten Mantel. Mit beiden Händen hält die Mutter das unbekleidete Kind, das in der Linken einen Apfel trägt. Am Sockel erscheint die Sichel mit dem Mondgesicht. Barbara und Katharina sind mit ihren Symbolen, Kelch und Rad, dargestellt. In der Predella findet sich in der Mitte eine Reliquienkammer. Die Tafelmalerei der Flügel zeigt links Maria, die am ungeteil-

ten Rock Christi spinnt, rechts die Anbetung der Könige.
Der Flügelaltar aus Dornstadt ist der älteste uns bekannte kleine Flügelaltar in Schwaben. Seine Figuren sind »von einem leisen Fluß ebenmäßiger Bewegung ... eine Reihung stiller Existenzbilder« (W. Pinder). Der Altar, der ursprünglich wohl im Ulmer Münster gestanden hat, wird von J. Baum als eine Arbeit aus der Werkstatt des Meisters Hartmann bezeichnet. Dagegen betont G. Otto die qualitative Überlegenheit der Altarfiguren gegenüber den Ulmer Plastiken Hartmanns. Zweifellos jedoch ist die Dornstädter Madonna eine freie Wiederholung der Marienskulptur am Pfeiler der Westvorhalle des Ulmer Münsters.

Literatur: M. Schütte, Der Schwäbische Schnitzaltar. Straßburg 1907, S. 151 f – J. Baum, Deutsche Bildwerke des 10. bis 18. Jahrhunderts. Stuttgart-Berlin 1917, S. 92 ff. – J. Baum, Gotische Bildwerke Schwabens. Augsburg-Stuttgart 1921, S. 147, T. 43 u. 103. – G. Otto, Die Ulmer Plastik des frühen fünfzehnten Jahrhunderts. Tübingen 1924, S. 40 ff., Abb. 16. – A. Walzer, Schwäbische Plastik im Württembergischen Landesmuseum Stuttgart. Stuttgart o. J., S. 28, Abb. 23, 25, 26.

25 Marienfigur
Johannes Junge. Nach 1420
Lübeck, Sankt Annen-Museum
Die Figur wurde 1926 zusammen mit den Skulpturen eines heiligen Petrus, eines heiligen Paulus, einer heiligen Katharina und eines weiteren Heiligen (wohl Andreas) im

Scheunengiebel des Gutes Niendorf aufgefunden. Sie stammen wahrscheinlich aus der Lübecker Sankt Petrikirche. 1420 hatte Ludeke Nienstadt in diese Kirche eine Vikarie zu Ehren der Maria, des heiligen Petrus, des heiligen Paulus und des heiligen Andreas gestiftet.

Kalksandstein; H. 105 cm
Vollrund gearbeitet.
Die Hände Mariens und das Christuskind fehlen. Zacken der Krone in Verlust geraten, ebenfalls der eingesetzte Metallschmuck.
Alte Fassung noch erkennbar: vorherrschender weißer Grundton mit goldenen Säumen, Sockel grün.

Das zarte, leicht geneigte Köpfchen der stehenden Madonna mit den gesenkten Augenlidern, dem

dünnlippigen Mund und der klaren Stirn ist von welligem Haar und einem am Saum gekräuselten Kopftuch umrahmt. Mariens hoher Krone fehlt der einstmals vorhandene Zackenschmuck. Das schlichte Gewand ist unter der Brust gegürtet. Ein weiter Mantel, dessen schleppenartige Fülle vor dem Körper hochgezogen und über den linken Arm gelegt ist, umgibt die mädchenhafte Gestalt.
Mit den Niendorfer Figuren stehen uns Hauptwerke des ersten namentlich bekannten Lübecker Bildhauers vor Augen. M. Hasse nimmt eine Schulung des Meisters in Frankreich an und beschreibt Johannes Junges Stil: »Übersichtlich und abwechslungsreich sind die Gewänder geordnet, bald locker und leicht, bald straff, bald in geraffter Fülle. Dabei bleibt der Körper stets unter dem Gewand spürbar. In zartesten Übergängen runden sich die Gesichter ... Johannes Junge war der einzige Steinbildhauer des 15. Jahrhunderts, der auf die künstlerische Entwicklung Lübecks maßgeblichen Einfluß auszuüben vermochte.«

Literatur: W. Paatz, Die Lübeckische Steinskulptur der ersten Hälfte des 15. Jahrhunderts. Lübeck 1929, Nr. 19, Abb. S. 136, 139 ff. – W. Paatz, Prolegomena. Heidelberg 1956, S. 65 ff., Abb. 3, 6 ff. – C. G. Heise, Lübecker Plastik. Bonn 1926, S. 13, Nr. 12, T. 12. – M. Hasse, in: Katalog: Lübeck, St. Annen-Museum, Die sakralen Werke des Mittelalters. Lübeck 1964, S. 22 ff., Nr. 20, S. 77 ff. – K. H. Clasen, Der Meister der Schönen Madonnen. Frankfurt 1974 (»Lübecker Nachfolger der rheinischen Schönen Madonnen«).

26 Stehende Maria mit Kind

Nachfolger Hans Multschers. Um 1460–1470
Karlsruhe, Badisches Landesmuseum

Lindenholz; H 108 cm
Dreiviertelrund gearbeitet, rückseitig ausgehöhlt.
Geringe Ergänzungen an der Krone.
Alte Fassung mit späteren Retuschen.

Die massig breite Gestalt der Madonna steht mit ausgebogener linker Hüfte in strenger Frontalität vor dem Betrachter. Unter einer mächtigen Krone fließt gewelltes Haar auf die Schultern herab. Der weite Schleier, der es bedeckt, wird vom Kind in spielerischer Geste über die Brust der Mutter gezogen.

Das Antlitz Mariens ist in tiefem Ernst versammelt. Das muntere Kind sitzt mit gekreuzten Beinen auf dem linken Arm der Mutter. In der Linken hält es einen Apfel. Maria trägt ein langfallendes Gewand, über das ein vor der Brust gehaltener Mantel gelegt ist. Mit der Rechten rafft sie ihn vor dem Körper hoch, wodurch Röhren- und Schüsselfalten entstehen. Der Figurensockel zeigt in der gekrümmten Sichel das Mondgesicht. In Hans Multschers großer Madonna zu Landsberg am Lech hat sich das Urbild dieses Figurentyps erhalten. Eine Madonna im Frankfurter Liebieghaus (aus Ochsenhausen stammend) ist dem hier vorgestellten Stück unmittelbar verwandt. Eine stilistisch ebenfalls verwandte Plastik in Lautrach setzt die Kenntnis von Multschers Hauptwerk, der Madonna des Sterzinger Hochaltars, voraus. Da die Karlsruher Madonna nach der Überlieferung aus der Nähe von Meran stammt, hat man auf einen älteren, vielleicht Tiroler Meister geschlossen (vgl. R. Schnellbach, a. a. O.).

Literatur: R. Schnellbach, Spätgotische Bildwerke. Eine Auswahl aus den Beständen des Badischen Landesmuseums. Karlsruhe 1962, Nr. 16/17.

27 Maria im Ährenkleid
Hans von Judenburg zugeschrieben.
Um 1430–1440
Karlsruhe, Badisches Landesmuseum
Aus Itter in Tirol. Erzstift Salzburg, Erzdiözese Salzburg

Zirbelholz; H 95 cm
Vollrund gearbeitet.
Beigetönte alte Fassung: Das lichtblaue Gewand war einstmals ganz mit goldenen Ähren besetzt. Kragen, Gürtel und Haare vergoldet.

In mädchenhafter Anmut neigt die stehende Maria den Kopf leicht auf die betend erhobenen Hände. Das lange, nach hinten zusammengefaßte Haar wird über der hohen Stirn von einem blauen Diadem gehalten. Das schlichte blaue Gewand mit dem Sonnenkragen ist mit einem Gürtel gehalten, dessen langes Ende bis zum Boden herabreicht. Auf dem Boden stauen sich die schönen langzügigen Falten des Rockes und lassen die linke Fußspitze sichtbar werden. Leicht

drückt sich das linke Knie durch das Kleid.
Mit der Maria im Ährenkleid ist die Tempeljungfrau gemeint, von der in mehreren apokryphen Evangelien gesprochen wird. Die goldenen Ähren deuten auf den Acker, der das Reis aus der Wurzel Jesse tragen wird. Die betende Maria im Ährenkleid ist vermutlich eine freie Wiederholung des berühmten untergegangenen Gnadenbildes im Mailänder Dom, »ex partibus Germaniae« gestiftet und aus Silber getrieben (vgl. H. von Einem, Die Menschwerdung des Isenheimer Altars. Köln–Opladen 1955, S. 9ff.). Durch freie Wiederholungen solcher Bildwerke suchte man sich der gnadenhaften Wirkung des Originals zu versichern. Wir kennen solche Repliken durch Beispiele im Bonner Landesmuseum, dem Germanischen Nationalmuseum und dem Bayerischen Nationalmuseum. Unsere Plastik ist von W. Beeh und H. Schnitzler zu Recht Hans von Judenburg zugeschrieben worden, der zwischen 1411 und 1424 (nach anderer Lesart 1439) als Maler und Bildschnitzer in Judenburg/Steiermark nachweisbar ist. Sein Hauptwerk ist – wie N. Rasmo gezeigt hat – der Hauptaltar der Bozener Pfarrkirche gewesen, von dem sich fünf Reliefbilder in der Pfarrkirche zu Deutschnofen, eine Verkündigungsmaria in München, eine Marienkrönung in Nürnberg sowie die überlebensgroßen Figuren Johannes d. T. und des heiligen Vigilius im Kölner Schnütgen-Museum erhalten haben. Dieser Figurengruppe läßt sich die Maria im Ährenkleid anschließen.

Literatur: Katalog: Unsere Liebe Frau. Aachen 1958, Nr. 109a, Farbt. – E. G. Grimme, in: Aachener Kunstblätter, Bd. 17/18, 1958/59, S. 38. – Katalog: Große Kunst des Mittelalters. Köln 1960, Nr. 51, T. 53 u. Farb. Umschlagbild. – Katalog: Bewahrte Schönheit. Mittelalterliche Kunst der Sammlung Hermann Schwartz. Bearb. v. W. Beeh in Verb. mit H. Schnitzler. In: Aachener Kunstblätter, Bd. 21, 1961, Nr. 33, Farbt. 2, T. 27. – Katalog: Schöne Madonnen 1350–1450. Salzburg 1965, Nr. 51, Abb. 29.

28 Sog. Dangolsheimer Madonna

Straßburg. Um 1470
Berlin (West), Staatliche Museen Preußischer Kulturbesitz, Skulpturen-Abteilung
Ehem. Dangolsheim, nach örtlicher Tradition ursprünglich in der Kirche des Benediktinerklosters Schwarzach, Kr. Baden-Baden. Ehem. Sammlung Oertel, 1913 als Geschenk der Bode-Stiftung erworben.

Nußbaumholz; H 102 cm
Wandstatue mit voll bearbeiteter Rückseite.
Große Teile der alten Fassung erhalten: Kopftuch weiß, Haar schwarz. Die vergoldete Damastmusterung des Gewandes und die Vergoldung des Mantels sowie die blaue Übermalung teilweise erhalten. Am rechten Fuß des Kindes fehlen drei Zehen, am linken einer. Bei mehreren Haarsträhnen Endigungen abgebrochen.

Eng liegt das Gewand, das unter der Brust gegürtet ist, dem Körper Mariens an. Die Rechte der

Mutter hat das eine Füßchen des Kindes ergriffen und zieht gleichzeitig den in weiten Bahnen um den Körper gelegten Mantel an. Damit wird das Gewand, durch das sich das linke Knie durchdrückt, sichtbar. Die andere Mantelhälfte gleitet von der linken Schulter in zügigem Fluß hinunter und staut sich am Boden in raumhaltigen Falten. Die Locken des langen Haares sind frei herausgearbeitet. Das Haupt Mariens ist von einem Schleier gerahmt, der von der rechten Schulter vor dem Hals der Mutter verläuft und wie ein Gehäuse das Kind umgibt. Dieses greift mit dem Händchen nach dem Schleier, um sich nach Kinderart in ihm zu verstecken.

Die Dangolsheimer Maria ist eine der großen Hauptleistungen der oberrheinischen Skulptur am Ausgang des Mittelalters. Stilistisch stehen die Figuren des Nördlinger Altars nahe. Die Einbeziehung des Raumes in den Figurenblock, die tiefunterschnittenen Höhlungen des Gewandes, das starke Bewegungsmotiv des Kindes – alles dies hat seine Voraussetzungen in der Kunst Nikolaus Gerhaerts von Leyden, der um 1462, also wohl noch zu einem Zeitpunkt, in dem der Meister der Dangolsheimer Madonna auch schon in Straßburg tätig war, in der Metropole am Oberrhein auftrat. Man hat versucht, den Anonymus mit Hans Geuch zu identifizieren und ihm zwei Reliefs mit der Kreuzigung und Grablegung Christi im Badischen Landesmuseum Karlsruhe zuzuschreiben.

Literatur: Katalog der Versteigerung Slg. Oertel. Berlin 1913, Nr. 172. – W. Pinder, in: Zeitschr. f. bild. Kunst, 1921, S. 129. – O. Schmitt, Oberrheinische Plastik im ausgehenden Mittelalter. 1924, S. 27, T. 39 ff. – W. Pinder, Die deutsche Plastik des 15. Jahrhunderts. München 1924, S. 27, T. 68 (›Simon Lainberger, um 1485‹). – Th. Demmler, Die Bildwerke in Holz, Stein und Ton, Berlin–Leipzig 1930, S. 143 ff., Nr. 7055. – W. Braunfels, Meisterwerke europäischer Plastik. Zürich 1958 (datiert um 1480), T. 106. – J. Himmelheber, Meisterwerke der oberrheinischen Kunst des Mittelalters. Honnef 1959 (datiert um 1460), T. 113. – A. Schädler, Deutsche Plastik der Spätgotik, T. 47.

29 Maria aus einer Anbetungsgruppe

Straßburger Meister (oder Niederlande). Um 1470
Karlsruhe, Badisches Landesmuseum

Nußbaumholz; H 64 cm
Im Rücken unten ausgehöhlt.

Reste alter Fassung, der Mantel blau, das Kopftuch weiß, Unterkleid rot.

Maria ist anbetend niedergekniet. Ihr edles Antlitz mit der hohen Stirn, der langen, geraden Nase und den edel gewölbten Brauenbögen ist leicht dem Kind zugeneigt. Das reiche Haar, das hinter den Ohren in weichen Wellen herabfließt, wird von einem Kopftuch gehalten. Aus dem weiten, vor der Brust gehaltenen Mantel heben sich die feingliedrigen, anbetend erhobenen Hände heraus. Gewand und Mantel liegen in mächtigen Faltenschüben auf dem Boden auf und betonen den glockenförmigen Umriß der Figur.

Das Motiv der Maria aus einer Anbetungsgruppe geht auf den Stich L 23 des Meisters E S zurück. Im Stil steht es oberrheinischen Gruppen, die das Straßburger Frauenhaus bewahrt, nahe. Sie stammen vom ehemaligen Hochaltar der Straßburger Kartause und gelangten dann nach Molsheim. Der niederländische Einfluß ist allen gemeinsam. Die Verwandtschaft zu einem dieser Reliefs mit der Anbetung des Kindes ist so nah, daß man an ein früheres Werk des gleichen Meisters denken darf.

Literatur: Katalog: Große Kunst des Mittelalters aus Privatbesitz. Köln 1960, Nr. 59. – Katalog: Bewahrte Schönheit. Mittelalterliche Kunst der Sammlung Hermann Schwartz. Bearb. v. W. Beeh in Verb. mit H. Schnitzler. In: Aachener Kunstblätter, Bd. 21, 1961, Nr. 40, T. 36. – Katalog: Spätgotik am Oberrhein. Karlsruhe 1970, Nr. 5.

30 Marientod

Tirol (Brixen?). Um 1470–1480
Aachen, Städt. Suermondt-Museum, Sammlung Ludwig

Zirbelholz; H 125, B 138 cm
Flügelrelief eines Altarwerkes.
Alte Fassung.

Maria ruht auf einer Bahre. Ihr Antlitz, das weder von Krankheit noch von Alter gezeichnet ist, wird von einem Schleier umrahmt. Die Augen sind halb geschlossen, weich sind die Übergänge von der Nase zur Backenpartie. Der Mund ist in leichtem Lächeln entspannt. Zwei Kissen dienen dem Haupt Mariens als Stütze. Die übereinandergelegten Hände ruhen auf dem gefältel-

ten Bahrtuch. Um die Gestalt der Liegenden haben sich die Apostel versammelt, unter ihnen, durch Größe und priesterliche Gewandung hervorgehoben, der heilige Petrus, der in der Linken das geöffnete Buch mit den Sterbegebeten hält und die Rechte, die vielleicht das Aspergal umfaßte, emporhebt. In drastischer Lebensnähe ist das Haupt des Apostels mit dem lockigen Bart- und Haarkranz, der mächtigen Glatze und den kantigen Gesichtszügen gebildet. Neben ihm, die Hände vor der Brust gekreuzt, der Lieblingsjünger Johannes. Auch hier ist man weit von der lyrischen Feingliedrigkeit und dem Wohlklang der Züge entfernt, mit denen das Zeitalter der Mystik die Gestalt des Johannes ausgestattet hatte. Vielmehr scheint es, als habe die rustikale Gestalt eines Tiroler Dörflers dem Künstler als Modell gedient. Diese herbe Verschlossenheit prägt auch den Charakter der übrigen an der Bahre Mariens Versammelten. Typen voller Ehrbarkeit, verbunden in der Trauer um die Gottesmutter. Zwei der Apostel, blockhaft schwere Gestalten, sitzen lesend auf der Stufe vor der Bahre.

Literatur: E. G. Grimme, Fünf Jahre Neuzugänge der Aachener Museen. In: Aachener Kunstblätter, Bd. 33, 1965, S. 21 ff.

31 Vesperbild

Meister P (vielleicht identisch mit Peter Köllin, nachweisbar in Esslingen zwischen 1479 und 1502)
Stuttgart, Württembergisches Landesmuseum

Ursprünglich in der Dominikanerinnenkirche zu Weil bei Esslingen. Wohl seit 1817 in der Kirche in Hedelfinden, 1921 für die Staatliche Kunstsammlung Stuttgart erworben.

Lindenholz; H 155 cm
Alte Fassung: Mantel blau mit goldenem Saum, Gewand rot, Lendentuch Christi und Mantelfutter gold, gut erhaltenes Inkarnat.
An der Wange des Thrones ein Meisterzeichen und die Jahreszahl 1471.

In bäuerlicher Schwere sitzt Maria auf einer breiten Thronbank. Ihr schmerzverhärmtes, kantiges Gesicht mit den steil aufwärts geführten Brauenbögen, den leidvoll niedergeschlagenen Augen und dem festgeschlossenen Mund neigt sich zu Christus herab, der, wie in letzter Todesagonie, kraftlos auf ihrem Schoß ruht. Mariens mächtiger Mantel, der über das Haupt gelegt und in scharf gebrochenen Falten über Schultern und Arme, Bank und Knie drapiert ist, faßt die Gruppe zur großgesehenen kompositionellen Einheit zusammen. Der schlaff herabgefallene, auf dem Boden aufliegende rechte Arm Christi bildet eine großgesehene formale Entsprechung zu dem rundbogenartig das Haupt der Mutter umfassenden Mantel. Die linke Hand ruht auf dem linken Arm der Madonna.
Das Vesperbild aus Weil gilt wegen seiner auf Idealisierung und Dramatik verzichtenden menschlichen Unmittelbarkeit als ein Hauptwerk der schwäbischen Plastik. Unpathetisch, einfach und groß wird hier das Motiv des letzten Abschieds der Mutter von ih-

rem Sohn vorgetragen. Offenbar hat dem Körper Christi ein Leichnam als Modell gedient.

Literatur: Paulus, Die Kunst- und Altertumsdenkmale in Württemberg, Neckarkreis. 1889, S. 149. – Goeßler, Katalog der Ausstellung von Neuerwerbungen. 1921, S. 6. – Gröber, Schwäbische Skulptur der Spätgotik. 1922, Abb. 43, S. 6. – J. Baum, Deutsche Bildwerke des Mittelalters. 1923, Nr. 74, S. 33. – Lübbecke, Die Plastik des deutschen Mittelalters. 1923, Nr. 107, S. 134. – W. Pinder, Die deutsche Plastik des 15. Jahrhunderts. München 1924, Nr. 42, S. 39. – J. Baum, Niederschwäbische Plastik des ausgehenden Mittelalters. 1925, S. 23, Abb. 1. – A. Walzer, Schwäbische Plastik im Württembergischen Landesmuseum Stuttgart. Stuttgart o. J., S. 33, Abb. 37/38.

32 Muttergottes in der Mantelfülle

Niederrheinisch-kölnisch.
Um 1470–1480
Köln, Schnütgen-Museum

Nußbaumholz; H 39,5 cm
Vollrund gearbeitet.
Alte Fassung: Goldener Mantel mit blauem Futter. An der Sockelplatte geringfügige Ergänzungen in Gips und Eichenholz.

Liebkosend greift das Kind mit seinem rechten Händchen nach der Wange der Mutter, die sich ihm zärtlich zuneigt. In der linken Hand hält der unbekleidete Knabe einen Apfel. Um den in schöner Linienführung durchgeschwungenen, langgewandeten Körper der Madonna ist ein in weiten Falten drapierter Mantel gelegt.

Dem Meister der ›Muttergottes in der Mantelfülle‹ schreibt H. Schnitzler eine Annaselbdritt-Gruppe im Schnütgen-Museum (Kat.-Nr. 115) sowie eine sitzende Muttergottes im Lütticher Diözesanmuseum zu. J. Leeuwenberg sieht in dem in Utrecht tätigen Adriaen van Wesel (1420–1499/1500) den Meister unserer Madonna.

Literatur: H. Chorus, Gotische Kleinbildwerke des Schnütgen-Museums. Köln 1932, S. 15, Abb. 7. – H. Wilm, Die gotische Holzfigur. Stuttgart 1940, S. 134, Abb. 100. – Katalog: Onze Beeldhouwekunst der Late Middeleeuwen. Eindhoven 1953, Nr. 48. – J. Leeuwenberg, Twee werken aan Adriaen van Wesel toegeschreven. In: Oud-Holland LXXV, 1960, S. 109 ff. – Katalog: Unsere Liebe Frau. Aachen 1958, Nr. 20. – Das Schnütgen-Museum. Eine Auswahl. Köln 1961, Nr. 114. – Katalog: Herbst des Mittelalters. Köln 1970, Nr. 208.

33 Maria in den Wolken
Nürnberg. Um 1480–1490
Aachen, Städt. Suermondt-Museum
1973 erworben

Lindenholz; H 55 cm
Alte (ergänzte) Fassung.

Maria ist als Himmelskönigin dargestellt. Eine mit reichen gotischen Kreuzblumen gezierte, mächtige Krone schmückt das zarte Haupt. Der Eindruck des länglich-ovalen Gesichtes wird von der hohen Stirn bestimmt. Die Augen sind leicht auf den Betrachter gesenkt. Die feine Nase geht in anmutig geschwungene Brauenarkaden über. In breiten Wellen fällt das üppig gelockte Haar unter der Krone auf Schultern und Rücken Mariens. Mit ihren feingliedrigen Händen hält die Madonna das muntere Kind, das in spielerischem Gestus das rechte Händchen ausgestreckt hat, während das linke eine Birne hält. Lockiges Haar umgibt das breite, lächelnde Gesicht des Knaben, der von der Mutter gleichsam zur Betrachtung und Verehrung dargeboten wird. Über dem Gewand trägt Maria einen Mantel, der auf dem Wolkensaum, über dem die Himmelskönigin erscheint, sichelförmig aufliegt.

Der Maria in den Wolken ist eine heilige Katharina im Germanischen Nationalmuseum Nürnberg (vgl. W. Josephi, Die Werke plastischer Kunst im Germanischen Museum. Nürnberg 1910, Nr. 264) aus der ehemaligen Katharinenkirche in Nürnberg verwandt. Josephi hat in dieser Plastik noch ein Werk des Veit Stoß gesehen. Eine Madonna, die dem Kind eine Traube reicht (Nürnberg um 1480), steht so nahe, daß man an den gleichen Meister, der auch die Maria in den Wolken geschnitzt hat, denken möchte (abgeb. bei: Th. Müller, Alte bairische Bildhauer. München 1950, T. 77). Der Vergleich mit einer steiermärkischen ›Thronenden Maria mit Kind‹ aus der Zeit um 1490 (farbig abgeb. bei Th. Müller, Katalog des bayerischen Nationalmuseums München. Band XIII, 2: Die Bildwerke in Holz, Ton und Stein. München 1959, Nr. 69) rückt nach anderer Auffassung unsere Madonna in die Nachfolge des Meisters der Flügel des Kefermarkter Altars um 1500.

Literatur: E. G. Grimme, Eine Nürnberger »Muttergottes auf der Wolke«. Neuerwerbungsbericht. In: Aachener Kunstblätter, Bd. 44, 1973, S. 10 ff.

34 Maria als Mutter des Erbarmens

Oberschwaben (Friedrich Schramm von Ravensburg?). Um 1480
Berlin (West), Staatliche Museen Preußischer Kulturbesitz, Skulpturen-Abteilung
Wahrscheinlich vom Hochaltar der Pfarrkirche zu Ravensburg, 1850 aus der Sammlung Hirscher in Freiberg erworben.

Lindenholz; H .135 cm
Rückseitig ausgehöhlte Wandgruppe.
Alte Fassung fast völlig erhalten: Alte Vergoldung des Gewandes, am Mantel Reste eines Blumenmusters, Mantelfutter blau, das Kopftuch mit weißem Muster auf hellbraunem und rotem Grund.

Maria steht mit leicht vorgesetztem linken Knie, das sich durch das langfallende, ungegürtete Gewand durchdrückt, hochaufgerichtet vor dem Betrachter. Leicht ist ihr Kopf nach rechts gewandt. Ein fülliges Kopftuch breitet sich unsymmetrisch über das lockenreiche Haar. Es fällt zur linken Seite hinunter, verläuft vor der Brust und fließt dann in weichen Stoffwülsten über den rechten Oberarm auf den Rükken. Maria hat die Arme ausgebreitet und bietet hilfesuchenden Männern und Frauen in geistlicher und weltlicher Tracht Schutz in der Fülle ihres geöffneten Mantels.

Am Ravensburger Hochaltar befand sich die Inschrift: »Diese Tafel hat Meister Friedrich Schramm geschnitten und Meister Christof Kelltenhofer gemalt und gefaßt 1480.« Friedrich Schramm ist vermutlich identisch mit einem »Friedrich bildhower«, der 1505–1506 und 1515 in den Ravensburger Steuerbüchern vorkommt. Vom gleichen Meister zwei Gruppen aus einem Schnitzaltar: Die Gregorsmesse und die Marter der hl. Katharina (beide in Berlin, Demmler, Nr. 422, 423) sowie eine hl. Magdalena in Füramoos (O.-A. Biberach) und vier Passionsgruppen in der Fürstl. Sammlung zu Sigmaringen aus Kloster Petershausen b. Konstanz. W. Pinder sieht in der Ravensburger Madonna ein bahnbrechendes Werk, bei dem die Linie zum Blaubeurener Hochaltar ansetzt.

Literatur: G. Otto, Die Ulmer Plastik der Spätgotik. Reutlingen 1925, S. 64. – W. Pinder, Die deutsche Plastik vom ausgehenden Mittelalter bis zum Ende der Renaissance II. Wildpark-Potsdam 1929, S. 389, T. XVII. – Th. Demmler, Die Bildwerke in Holz, Stein und Ton, Berlin-Leipzig 1930, S. 206 f., Nr. 421.

35 Maria von einer Verkündigungsgruppe

Niederrhein. Um 1480
Aachen, Städt. Suermondt-Museum
1970 erworben

Eichenholz; H 83 cm
Rückseitig ausgehöhlt.
Ohne Fassung.
Im Faltenlauf des Mantels ein Stück ergänzt. Teile des Maßwerks am Betpult ausgebrochen.

Die Jungfrau hat den Gruß des Engels vernommen und wendet sich von der Lektüre ihres Buches, das aufgeschlagen auf einem Pult liegt, um. Lauschend hat sie die Augen gesenkt, wie in sich hineinblickend. Ihre Linke liegt auf dem Buch, die Rechte ist zu stiller Gebärde erhoben. In weichen Wellen fließt das Haar über die Schultern Mariens. Über dem modischen Kleid trägt sie einen weiten Mantel, dessen raumhaltige Falten sie gehäuseartig umgeben.
Die Maria von einer Verkündigungsgruppe steht in der Tradition der Klever Chorgestühlsplastik von 1474. Die Heiligen Barbara und Katharina in Kranenburg sowie die Muttergottes aus der ehemaligen Sammlung Kramer in Kempen sind verwandt. In der Muttergottes des Gocher Steintores sehen Beeh/Schnitzler die gleiche Hand am Werk.

Literatur: Katalog: Unsere Liebe Frau. Aachen 1958, Nr. 22, T. 54. – Katalog: Bewahrte Schönheit. Mittelalterliche Kunst der Sammlung Hermann Schwartz. Bearb. v. W. Beeh in Verb. mit H. Schnitzler. In: Aachener Kunstblätter, Bd. 21, 1961, Nr. 44, T. 37. – E. G. Grimme, Maria einer Verkündigungsgruppe. Neuerwerbungsbericht. In: Aachener Kunstblätter, Bd. 40, 1971, S. 10 ff.

36 Maria von einer Kreuzigungsgruppe

Köln. Um 1480–1490, Umkreis des Tilman van der Burch
Aachen, Städt. Suermondt-Museum
Ehemalige Außenfigur der Kirche in Kornelimünster, zugehörig eine Johannesfigur.

Eichenholz; H 162 cm
Wandstatue, ausgehöhlt, doch geschlossen.
Partie unterhalb der Knie einschließlich Sockel ergänzt.
Ohne Fassung.

Die Figur der Maria gehört zu einer Kreuzigungsgruppe monumentalen Ausmaßes. Leidvoll wendet die Gottesmutter den Blick vom Kruzifix fort. Die Augen sind im Schmerz halb geschlossen, die Mundwinkel leicht nach oben gezogen. Der über den Kopf gebreitete Mantel wirkt wie ein rahmenartiges Gehäuse für das Gesicht der Madonna. Ein gefälteltes Tuch legt sich um das Kinn und bedeckt den Hals. Lange, groß gesehene Röhrenfalten gliedern das Kleid streng vertikal und tragen zur Wirkung der gestrafften Schlankheit der Figur entscheidend bei. Die Hände greifen aus dem symmetrisch drapierten Mantel heraus und legen sich schmerzvoll ineinander. Das rechte Knie ist leicht vorgestellt.
Die Gruppe zeigt Abhängigkeit von dem Kalkarer Kalvarienberg, der 1469 datiert ist.

Literatur: H. Schweitzer, Die Skulpturensammlung im städtischen Suermondt-Museum zu Aachen. Aachen 1910, S. 14, XXIV. – E. Preime, Zwei gotische Holzplastiken aus dem Suermondtmuseum der Stadt Aachen. In: Pantheon, Bd. XXV, München 1940, S. 146 ff. als ›Meister von Emmerich‹. – E. G. Grimme, Das Suermondt-Museum. In: Aachener Kunstblätter, Bd. 28, 1963, S. 46.

37 Maria mit Kind aus dem Schrein des Hausener Altares

Ulm. 1488
Stuttgart, Württembergisches Landesmuseum
Aus Hausen (B.-A. Neu-Ulm), 1863 aus der Sammlung Haßler erworben. 1915 Übermalung abgenommen.

Lindenholz; H 105 cm
Rückseitig ausgehöhlt, unbeschädigt.
Alte Fassung: blausilbernes Brokatgewand, goldener, blaugefütterter Mantel.

Begleitet von den heiligen Bischöfen Ulrich und Konrad, den Patronen der Bistümer Augsburg und Konstanz, erscheint in der Mitte des Altarschreins Maria. Ein Kopf-

tuch ist über ihr Haupt gelegt. Auf dem linken Arm trägt die Madonna das unbekleidete Kind, dessen Linke die Weltkugel hält. In zartem Gestus unterstützt die feingliedrige Rechte der Mutter den sitzenden Knaben. Der weite, in knittrigen Falten gebrochene Mantel Mariens ist in großem Schwung über die linke Schulter gelegt und wird vor dem Körper hochgezogen.
Am Sockel befindet sich die Inschrift: Sanctus Ulricus. Sancta Maria virgo. Anno Domini mccccℓxxxviii vff michaheli. Sanctus Konradus. Die Schnitzerei ist damit fest datiert. Sie entstand im Jahre 1488 und ist das Werk eines Ulmer Bildschnitzers, der mit Zeitblom, dem Maler der Flügelbilder des Altares, zusammengearbeitet hat.

Literatur: Bilder aus dem K. Kunst- und Altertümerkabinett. 1889, S. 10. – Münzenberger/Beissel, Zur Kenntnis und Würdigung der mittelalterlichen Altäre Deutschlands, 1895–1905, Textbd., S. 81. – M. Schütte, Der schwäbische Schnitzaltar. Straßburg 1907, S. 201. – J. Baum, Die Ulmer Plastik um 1500. 1911, S. 68 f. – J. Baum, Deutsche Bildwerke des 10. bis 18. Jahrhunderts. Stuttgart–Berlin 1917, S. 176, Nr. 163 m. T.

38 Geburt der Maria

Südtirol, Kreis des Hans Klocker. Um 1500
Mönchengladbach, Sammlung Hermann und Maria Schwartz
Ehemals Sammlung G. Salomon, Berlin

Lindenholz; H 86, B 54 cm
Relief.
Ohne Fassung.

In einem tonnengewölbten Gemach steht das Bett der Wöchnerin. Halb aufrecht gegen Kissen gelehnt, nimmt die Mutter aus den Händen einer Magd das Kind entgegen. Am Fußende des baldachinüberwölbten Lagers steht Joachim, der mit ausgestreckter Rechten auf die kleine Maria weist. Im Vordergrund des Raumes wringen eine Hebamme und eine weitere Magd über einem Zuber ein Laken aus.
Aufgrund des Faltenstils haben Beeh/Schnitzler unser Relief dem Umkreis des Hans Klocker, des aus Brixen stammenden Pacherschülers, eingeordnet, dessen Montaner Altar in Trient zum Stilvergleich heranzuziehen wäre. Zugehörig ein Relief der Darbringung im Tempel im Münchener Bayerischen Na-

tionalmuseum (Th. Müller, Die Bildwerke des Bayerischen Nationalmuseums. München 1959, Nr. 72, S. 88).

Literatur: M. Friedländer, Deutsche und niederländische Holzbildwerke im Berliner Privatbesitz. Berlin 1904, Nr. 95. – Katalog: Bewahrte Schönheit. Mittelalterliche Kunst der Sammlung Hermann Schwartz. Bearb. v. W. Beeh in Verb. mit H. Schnitzler. In: Aachener Kunstblätter, Bd. 21, 1961, Nr. 49, T. 44.

39 Heilige Sippe

Martin Radeleff. 1494

Lübeck, Sankt Annen-Museum

Das Relief bildete wahrscheinlich die Mittelgruppe eines Altarschreins, den Martin Radeleff 1494 für den Annenaltar der Witwe Gripeshorn schuf.

Eichenholz; H 127, B 108 cm
Relief. Hervorragend erhaltene alte Fassung.

Das Relief mit der heiligen Sippe war die Mittelgruppe eines Altarschreins. Die Figuren sind in zwei Zonen angeordnet. In der Mitte der unteren Gruppe sitzt Maria, das Kind auf ihrem Schoß haltend. Über ihr thront Mutter Anna, deren Sippe hier unter dem Bild von Zeitgenossen des Künstlers dargestellt wird. Man erkennt den ersten Mann der heiligen Anna, Joachim, ihren zweiten Mann Kleophas und ihren dritten Mann Salomas. Weiterhin Maria und Joseph, Maria Kleophas mit ihrem Mann Alphäus und ihren vier Kindern, den Aposteln Jakobus d. J., Simon und Judas Thaddäus sowie Joseph dem Gerechten. Ihnen gesellen sich Maria Salome mit ihrem Mann Zebedäus und ihren beiden Söhnen Johannes dem Evangelisten und Jakobus d. Ä. zu. Die heilige Sippe war in der Zeit um 1500 ein beliebtes Thema der Lübecker Schnitzkunst. Allein acht Darstellungen bewahrt das Lübekker Sankt-Annen-Museum. Eine der frühesten Gruppen ist das Relief Martin Radeleffs, der es als recht bejahrter Mann geschaffen hat. »Die Sorgfalt, mit der die Gruppe bemalt ist, entschädigt für die temperamentlose Schnitzarbeit« (M. Hasse).

Literatur: Bau- und Kunstdenkmäler der Freien und Hansestadt Lübeck II, S. 229,

m. Abb. – Katalog: M. Hasse, Lübeck, St. Annen-Museum. Die sakralen Werke des Mittelalters. Lübeck 1964, S. 106, Nr. 42. – M. Hasse, Lübecker Maler und Bildschnitzer um 1500. In: Niederdeutsche Beiträge zur Kunstgeschichte III, 1965.

40 Stehende Maria

Claus Berg(?). Um 1500
Lübeck, Sankt Annen-Museum
Die Figur stammt aus dem Heilig-Geist-Spital zu Lübeck.

Eichenholz; H 129 cm
Rückseitig ausgehöhlt.
Das Christkind, die Krone und die rechte Hand Mariens fehlen, Beschädigungen in der Sockelzone.
Große Teile der alten Fassung: Goldener Mantel mit blauem Futter, weißes Kleid mit goldenem Streumuster.

Maria hat das Haupt zu dem (heute fehlenden) Kind hin gesenkt. Weich fallendes Haar und die Stoffülle eines Kopftuchs umgeben das liebreizende Antlitz. Das rechte Knie drückt sich durch den faltenreichen, diagonal vor dem Körper hochgezogenen Mantel.
In Gegensatz zu von der Osten, der die Figur für ein Frühwerk Benedikt Dreyers hielt, schreibt M. Hasse sie aufgrund ihrer Ähnlichkeit zu Madonnen Claus Bergs diesem zu. Offensichtlich hat der Lübeckische Schnitzer in Süddeutschland gelernt. »Der Faltenwurf, zügiger als in Lübeck um 1500 üblich, erreicht zwar noch nicht den Schwung, den wir von Bergs späteren Figuren her gewohnt sind, doch in der verzückten Süße, in der Lieblichkeit des

Antlitzes begegnet uns bereits voll entwickelt sein ausgeprägtes Frauenideal« (M. Hasse).

Literatur: G. von der Osten, Lüneburger und Lübecker Bildschnitzer um 1500. In: Niedersächsisches Jahrbuch für Landesgeschichte XXIII, 1951, S. 89. – Katalog: M. Hasse, Lübeck, St. Annen-Museum. Die sakralen Werke des Mittelalters. Lübeck 1964, S. 146, Nr. 74.

41 Altarschrein mit der Einhornjagd (Detail)

Lübeck. Um 1506

Lübeck, Sankt Annen-Museum

Eichenholz; H des Schreins 200, B 102 cm

Gut erhaltene alte Fassung: Goldene Gewänder, die Alba des Engels silber mit weißem Muster. Unter dem Relief das Datum 1506 und das Wappen des Domvikars Johann Parchem.

Der mit Alba und Pluviale bekleidete Erzengel Gabriel hebt mit seiner Rechten das Hifthorn, in seiner Linken hält er eine Lanze. Vier Hunde symbolisieren die Gerechtigkeit, die Wahrheit, die Barmherzigkeit und den Frieden nach Psalm 84, 11. Maria berührt streichelnd das Einhorn, das vertrauend seine Vorderhufe in ihren Schoß setzt. Es gilt als Symbol für den Heiland. Gabriel als Jäger treibt es Maria zu. Die Jungfrau sitzt in dem von einem Bretterzaun umfriedeten ›hortus conclusus‹, dem Symbol ihrer jungfräulichen Unberührtheit. Ein Törlein ist als ›porta clausa‹ zu verstehen. Der Baum zur Linken Mariens symbolisiert die Zeder vom Liba-

non. Ein Rundturm soll als ›turris David‹ verstanden werden. Der versiegelte Brunnen bedeutet die ›fons signatus‹. Im Zentrum des Mittelgrundes erblickt man einen Altar mit dem Gekreuzigten. Eine liebliche Landschaft bildet jenseits der Gartenumfriedung den Hintergrund. Über der Szene erscheint in einer Strahlen- und Wolkengloriole die Halbfigur Gottvaters.
M. Hasse schreibt das Relief einem Meister aus der Nachfolge Henning van der Heides zu.

Literatur: W. Paatz, Bernt Notke und sein Kreis. Berlin 1939. – A. Stange, Deutsche Malerei der Gotik VI, München-Berlin 1954, S. 123. – Katalog: M. Hasse, Lübeck, St. Annen-Museum. Die sakralen Werke des Mittelalters. Lübeck 1964, S. 135, Nr. 64. – G. Stuhlfauth, Der Einhornaltar aus Kloster Dambeck. In: Marburger Jahrbuch für Kunstwissenschaft XIII, S. 171 ff.

42 Flucht nach Ägypten
Normandie. Um 1500
Aachen, Städt. Suermondt-Museum
1974 erworben

Eichenholz; H 108 cm
Rückseitig ausgehöhlt.
Reste der alten Fassung: Rotes Untergewand, blauer Mantel mit rotem Futter, Haare und Gürtel vergoldet.

Fast frontal sitzt Maria aufrecht auf dem Esel. Ein weiter, auch über den Kopf gezogener Mantel umgibt die schlanke Gestalt. Mit der Linken faßt die Mutter das Gewandende und zieht die Stoffmassen über den Knien hoch. Ihr Blick ist auf das mumienhaft gewickelte Kind gerichtet, das sie mit der rechten Hand festhält. Der

Schnitt des Kleides, das unter der Brust gegürtet ist, entspricht der um 1500 getragenen Tracht.
Zum Typ der Gruppe, zu der am normannischen Herkunftsort noch eine Josephsfigur gehörte, verweisen W. Beeh und H. Schnitzler auf verwandte Stücke im Rijksmuseum (Beeldhouwekunst I. Amsterdam 1957, Nr. 17 u. 19) und im Emmericher Waisenhaus (Katalog der Jahrtausendausstellung. Köln 1925, T. 40).

Literatur: Katalog: Große Kunst des Mittelalters aus Privatbesitz. Köln 1960, Nr. 66, T. 63. – Katalog: Bewahrte Schönheit. Mittelalterliche Kunst der Sammlung Hermann Schwartz. Bearb. v. W. Beeh in Verb. mit H. Schnitzler. In: Aachener Kunstblätter, Bd. 21, 1961, Nr. 50, T. 47. – E. G. Grimme, Eine spätgotische Gruppe der »Flucht nach Ägypten«. Neuerwerbungsbericht. In: Aachener Kunstblätter, Bd. 45, 1974, S. 11 ff.

43 Maria mit Kind
Oberrhein. Um 1490–1500
Karlsruhe, Badisches Landesmuseum
1890 aus der Kirche von Leiselheim im Landkreis Freiburg erworben.

Lindenholz; H 138 cm
Rückseitig flach ausgehöhlt. Der linke Arm, der rechte Fuß sowie Zehen vom linken Fuß des Kindes fehlen, Daumenspitzen der Mutter abgebrochen.
Reste alter Fassung.

Den rechten Fuß in die Krümme der Mondsichel setzend, steht Maria mit leicht durchgeschwungenem Körper da. Durch ihren abwärts gerichteten Blick ist sie auf den Betrachter bezogen. Der Kopf mit den von leichter Melancholie überschatteten Gesichtszügen ist leise nach links gewandt und von üppigster, bis zur Hüfte herabreichender Haarfülle umgeben. Spielerisch greift das unbekleidete Kind, das die Mutter mit beiden Händen hält, in die Lockenpracht Mariens. Über dem Gewand trägt die Madonna einen Mantel, der, über die rechte Hand emporgezogen, brüchige Falten bildet.
Die Madonna in Karlsruhe gehört zu einer Gruppe oberrheinischer Plastik, als deren Hauptwerk die Madonna aus Niedermoschweier bei Colmar (Unterlinden-Museum, Colmar), um 1480, zu gelten hat. Die stilistische Verwandtschaft zu

dieser Plastik ist so groß, daß man für beide Figuren die gleiche Werkstatt annehmen darf. Die Karlsruher Madonna wird durch die Darstellung des Mondes zu ihren Füßen mit der Vision des Apostels Johannes in der Geheimen Offenbarung (Apok. 12, 1 ff.) verbunden, in der von der Frau »mit der Sonne umkleidet, den Mond zu ihren Füßen und mit einem Kranz von zwölf Sternen um ihr Haupt« gesprochen wird.

Literatur: A. v. Schneider, Bildwerke, Nr. 108, T. 50. – W. Mangold / L. Eckener, Madonnen. Konstanz 1957, Abb. 52. – E. G. Grimme, Das Suermondt-Museum. In: Aachener Kunstblätter, Bd. 28, 1963, S. 120, Nr. 64. – Katalog: Meisterwerke aus den Sammlungen des wiedereröffneten Museums (Badisches Landesmuseum, Karlsruhe). Karlsruhe 1959, S. 81 f., Nr. 56. – R. Schnellbach, Spätgotische Bildwerke. Eine Auswahl aus den Beständen des Badischen Landesmuseums. Karlsruhe 1962, Nr. 26/27. – Katalog: Spätgotik am Oberrhein. Karlsruhe 1970, Nr. 60.

44 Maria mit Kind

Ober- oder Mittelrhein. Um oder wenig nach 1500
Aachen, Städt. Suermondt-Museum
1963 erworben.

Lindenholz; H 74,5, B 35 cm
Wandgruppe, Rückseite ausgehöhlt.
Alte Fassung zu großen Teilen erhalten.

Maria sitzt leicht nach links gewandt und hält mit ihren Händen das muntere Kind. Ihre Augen sind abwärts auf den Betrachter gerichtet. Die gerade und langgebildete Nase geht in die schöngewölbten Brauenbögen über, das Gesicht ist von kräftiger ovaler Form, wie es für die oberrheinischen Madonnen des Spätmittelalters bezeichnend ist. Langgewelltes, in der Mitte gescheiteltes Haar rahmt in üppiger Fülle das Gesicht. Über dem modisch drapierten Kleid mit dem engen Mieder und den charakteristischen drei Parallelfalten, die den Rock gliedern, trägt Maria einen weiten, vor der Brust von einem Band gehaltenen Mantel.
Besonders erfinderisch und geistvoll erweist sich der Schnitzer des Bildwerks in der Gestaltung des Faltenwurfs, der hier gebrochen und eckig, kleinteilig und vibrierend, dort in langen, rhythmisch bewegten Bahnen, mitunter in zweckfrei erscheinendem Ornamentspiel, die Figur umgibt. Nach

Kinderart hat sich der Jesusknabe auf dem Schoß der Mutter aufgerichtet und steht nun, von Maria gehalten, mit dem rechten Bein auf ihrem Knie, während das linke frei in der Luft schwebt. In der einen Hand hält das Kind eine Traube, von der es mit der rechten soeben eine Beere gepflückt hat, die es in preziöser Geste zwischen Daumen und Zeigefinger hält. Es ist das Traubensymbol, wie es schon in frühchristlicher Zeit für Christus als den mystischen Weinstock geprägt worden ist. Die leichte seitliche Wendung Mariens und des Kindes sowie eine geringe Verschiebung der Kompositionsachse zur linken Seite hin machen es wahrscheinlich, daß der Figur ursprünglich noch ein Pendant auf der rechten Seite entsprochen hat. Vermutlich hat es sich bei dieser heute fehlenden Figur um eine Darstellung der Mutter Anna gehandelt.

Stilistisch gehört die Plastik zu einer oberrheinisch-elsässischen Gruppe, deren Hauptwerke in vielen großen Museen zu den Glanzstücken der Skulpturen-Sammlungen gehören. Verwiesen sei nur auf die prachtvolle Madonna des Unterlinden-Museums in Colmar, ihre ›Schwester‹ im Museum zu Karlsruhe (vgl. Nr. 43), eine thronende Madonna der Ehemalig. staatlichen Museen in Berlin, sowie ein engverwandtes Stück des Münchener Bayerischen Nationalmuseums. Eine genaue Abgrenzung gegen die mittelrheinische Plastik ist nicht möglich. Vornehmlich dem Werk des von G. Tiemann wegen der kostümlichen Eigenart seiner Figuren »Meister mit dem Brustlatz« genannten Anonymus steht die Skulptur sehr nahe. Sie läßt sich mit seinen Hauptwerken in Eltville, Mainz und Limburg zusammensehen.

Literatur: E. G. Grimme, Zwei Neuerwerbungen für die Skulpturensammlung des Suermondt-Museums. In: Aachener Kunstblätter, Bd. 27, 1963, S. 10 ff. – E. G. Grimme, Das Suermondt-Museum. In: Aachener Kunstblätter, Bd. 28, 1963, S. 120.

45 Maria mit Kind

Veit Stoß. Um 1500

Nürnberg, Germanisches Nationalmuseum

Die Statue befand sich an dem 1499 von Veit Stoß erworbenen Wohnhaus an der Ecke der Wunderburggasse Nr. 7 und des Prechtelsgäßchens zu Nürnberg. Im Jahre 1892 wurde die Figur ins Museum überführt und dabei mehrere übereinanderliegende Ölfarbenanstriche abgenommen.

Lindenholz; H 159 cm
Rückseite ausgehöhlt.
Fassung abgenommen.
Kronenzacken, kleine Teile in der Gewandung und den Haaren, Schuhspitze sowie vier Zehen vom rechten Fuß des Kindes ergänzt. Einige sternförmige Ziernägel aus Zinn fehlen.

Diese Muttergottes ist wohl das liebreizendste und anmutigste Werk, das Veit Stoß geschaffen hat. Es stellt Maria als Himmelskönigin

In der Kunsttopographie II von Lotz aus dem Jahre 1863 wird die Jahreszahl 1499 erwähnt, die sich an der Figur befunden habe. Die Hausmadonna des Künstlers, die man die friedlichste Schöpfung, die von Veit Stoß bekannt ist, genannt hat, charakterisiert die glückliche Schaffenszeit des Meisters um 1500. Es ist die Zeit, in der die Pfarrgemeinde zu Schwaz in Tirol einen Choraltar bei ihm bestellte.

Literatur: C. Th. Müller hat in Thieme-Beckers Allgemeinem Lexikon der bildenden Künstler, Bd. 32, S. 131 ff. das gesamte bis 1938 erschienene deutsche und polnische Schrifttum zusammengestellt. Die seitdem bis 1952 erschienenen Forschungsbeiträge sind zusammengefaßt bei E. Lutze, Veit Stoß. München–Berlin 1952, S. 45.

mit großer, kreuzblumenbesetzter Krone dar. Langes gewelltes Haar fließt zu seiten des Gesichtes auf Brust und Rücken. Der Blick der Madonna ist auf den Betrachter gerichtet, ein leises Lächeln entspannt die edlen Züge. Über der linken Hand, von der rechten gestützt, sitzt das nackte Kind, das in der einen Hand eine Birne hält und mit der andern nach dem Füßchen greift. In lockerer Haltung mit zur Seite gesetztem linken Fuß und ausgebogener rechter Hüfte steht Maria da. Über dem engen Gewand trägt sie einen weiten Mantel, den sie mit der linken Hand vor dem Körper hochzieht. Durch dieses Motiv des Emporraffens entstehen vielfältige Faltenmotive.

46 Stehende Muttergottes

Meister Paul von Leutschau. Um 1510

Mönchengladbach, Sammlung Hermann und Maria Schwartz

Stammt aus einer Schloßkapelle bei Tarnow unweit von Krakau.

Lindenholz; H 98 cm (ohne Krone)
Rückseitig ausgehöhlt.
Unversehrte alte Fassung: Die Gewänder gold mit blauem Futter, die Haare braun.
Die Figur stand ursprünglich auf einem Halbmond, der zusammen mit dem unteren Gewandsaum abgearbeitet wurde. Das motiviert die heute etwas gedrungen wirkenden Proportionen.
Die rechte Hand Mariens, Krone und Zepter ergänzt.

Maria steht in frontaler Haltung da. Das kleine Gesicht unter der hohen Stirn wird von den leicht schräg verlaufenden, zum Betrachter herabblickenden Augen, der langen feinen Nase und dem Mund mit den kräftigen Lippen bestimmt. In Wellenbewegungen fließt das lange Haar unter der mächtigen Krone auf Schultern und Rücken herab. Mariens Gewand zeigt Merkmale der zeitgenössischen Mode. Oberhalb des Gürtels modelliert es den Körper plastisch heraus, während es nach unten zu in lange röhrenförmige Falten drapiert ist. Der vom Rükken her vor dem Körper zum linken Arm emporgezogene Mantel ist wie vom Wind aufgewühlt. Das rechte Knie schiebt sich plastisch durch das Faltenchaos nach vorne. Mit der Linken hält Maria das unbekleidete Kind, das dem Betrachter freundlich zulächelt und ihn mit seiner Rechten segnet.

J. Baum bezeichnete in einem Gutachten 1954 die Madonna als eigenhändige Arbeit des Veit Stoß. Doch haben Beeh/Schnitzler sie mit Recht dem unter dem Einfluß des Stoß in Krakau arbeitenden Leutschauer Meister Paul eingereiht. Nächste Entsprechungen bestehen hier vor allem zum Hauptwerk dieses Meisters, dem 1508 entstandenen Hochaltar in der Jakobskirche zu Leutschau. Der dynamische Faltenstil und der Gesichtstyp begegnen hier vor allem in der Madonna des Schreines sowie der Jungfrau Maria, die dem Johannes auf Patmos erscheint (vgl. J. Pasteka, Meister Paul von Leutschau. Der spätgotische Altar zu Sankt Jakob. Prag 1961, T. 4, 33).

Literatur: Katalog: Bewahrte Schönheit. Mittelalterliche Kunst der Sammlung Hermann Schwartz. Bearb. v. W. Beeh in Verb. mit H. Schnitzler. In: Aachener Kunstblätter, Bd. 21, 1961, Nr. 52, Farbt. 1.

47 Der Marienaltar in der Herrgottskapelle zu Creglingen

Tilman Riemenschneider. Zwischen 1505 und 1510
Creglingen, Herrgottskirche

Lindenholz; H 250, B 186 cm
Ohne Fassung, naturholzfarbenes Schnitzwerk. Lediglich die Pupillen sowie die Lippen farbig angedeutet.

Der Creglinger Marienaltar befindet sich mitten im Schiff der Herrgottskirche. Nach der Tradition bezeichnet er die Stelle, an der einst ein Bauer im Acker eine Hostie gefunden haben soll. Der geschnitzte Aufsatz steht auf einer Mensa aus dem 14. Jahrhundert. Dünne senkrechte und ein waagerechter Balken geben dem Schrein Halt und verbinden ihn mit dem hölzernen Tonnengewölbe. Der Mittelschrein endet in einem geschweiften Kielbogen, über dem sich ein reiches Gesprenge entwikkelt. Es dient einer Darstellung der Marienkrönung als Rahmung. Der Mittelschrein ist durchfenstert und im oberen Viertel mit reichstem Sprengwerk gefüllt. Die Hauptdarstellung ist der Himmelfahrt Mariens vorbehalten. Der alte Bildtyp erscheint hier in verwandelter Form. Die lebensgroße, jugendliche Maria schwebt, von Engeln begleitet, über der Gruppe der Apostel, die wie Bürgersleute und Dörfler aussehen. Von besonderer Ausdruckskraft sind die Gestalten des Johannes und des Jakobus vorne rechts. Die Reliefs der Seitenflügel zeigen die Heimsuchung, die Verkündigung, die Heilige Nacht und die Darbringung im Tempel. In der Predella finden sich Reliefs der Anbetung der Könige, des zwölfjährigen Jesus im Tempel sowie zweier Engel, die ein Tuch halten. Es bildet die Folie für eine Monstranz, in der man den Pilgern die gefundene Hostie zur Verehrung darbot. In der obersten Zone des Gesprenges bekrönt die Figur des Schmerzensmannes das gewaltige Bilderepos. Es gibt keine urkundliche Nachricht über die Entstehungszeit des Altars, der zur Ehre »des hochwürdigen Sakraments des Fronleichnams, unseres lieben Herrn« und »Mariens, der Mutter Gottes« auf der alten Mensa aus der Entstehungszeit der Kirche aufgerichtet wurde. Besonders charakteristisch für diesen schönsten der Riemenschneideraltäre ist die einheitliche Konzeption des gesamten Werkes, das bei allem Reichtum im Detail eine formale und geistige Einheit bildet. Der Gesamtentwurf geht, obwohl nicht urkundlich gesichert, auf Riemenschneider zurück, während man in den Flügelreliefs deutlich im Nachlassen der künstlerischen Kraft die Arbeit von Werkstattgehilfen erkennt, die sich stellenweise unmittelbar an graphische Vorlagen Schongauers anlehnen. Dies gilt nicht vom Verkündigungsrelief, das offensichtlich Riemenschneider selbst schuf. Er hat auch nach J. Biers einleuchtender Vermutung die Engel des Fußreliefs und natürlich die große Himmelfahrt des Hauptschreins in ihrer wunderbaren Gruppierung, der Individualisierung der Einzelgestalten und dem holden Liebreiz der Madonna geschaffen. Dabei ist er wie vordem »der Gestalter nur des frommen Menschen ... Das Wunderbare ist, daß auch jetzt keine Unruhe, kein Tumult aufkommt. Wie bei den Jüngern so wächst auch beim Beschauer über aller Verwunderung ein Gefühl tiefster Ergriffenheit, wenn die still Emporschwebende den Raum der Erde unter sich läßt und einem Dasein verklärten Schauens sich zuwendet« (Th. Demmler).

Literatur: Die außerordentlich umfangreiche Literatur von Justus Bier in Thieme-Beckers Allgemeinem Lexikon der bildenden Künstler, Bd. 28, 1934, S. 334 ff. zusammengestellt. Von neuerer Literatur seien nur erwähnt: F. Knapp, Riemenschneider. Bielefeld–Leipzig 1935. – Th. Demmler, Die Meisterwerke Tilman Riemenschneiders. Berlin 1939, S. 58 ff. – M. H. von Freeden, Tilman Riemenschneider. München 1954. – R. Schmidt, Der Marienaltar in Creglingen von T. Riemenschneider. München 1951. – H. Flesche, Tilman Riemenschneider. Hanau 1957, S. 23 ff. – K. Scheffler, Der Creglinger Altar. Königstein i. T., o. J. – A. Schädler, Deutsche Plastik der Spätgotik. Königstein i. T. 1962, S. 83.

48 Heilige Sippe

Werkstatt Tilman Riemenschneider. Nach 1505
Würzburg, Mainfränkisches Museum
Aus den Sammlungen des Historischen Vereins für Unterfranken und Aschaffenburg.

Lindenholz; H 119, B 94,5 cm
Alte Fassung.
Das Jesuskind, die linke Hand Mariens und die rechte Hand Annas fehlen. Die rechte Hand Mariens unschön ergänzt.

Die aus vier Figuren bestehende monumentale Gruppe setzt sich aus zwei später zusammengefügten Teilen zusammen. Maria, die auf einer kissenbelegten Lehnbank sitzt, hat sich in leichter Linksdrehung der Mutter Anna zugewandt. Das jugendliche, großflächige Antlitz der Madonna steht in wirkungsvollem Kontrast zu den vom Alter gezeichneten Zügen Annas. Joseph, ein vierkanti-

ger dörflerischer Kahlkopf, und Joachim, mit differenzierteren Zügen und reicher Haarfülle, stützen sich auf die hohe Lehne.

Die sogenannte ›heilige Sippe‹ ist ein Lieblingsthema der Holzplastik am Beginn des 16. Jahrhunderts. »Die Altäre füllen sich mit Familienszenen, in denen die Verwandtschaft Christi um Maria und ihre Mutter Anna in immer größerer Zahl sich schart. Alle Lebensalter treten einander gegenüber, der Ernst der Alten, die Anmut der jungen Mutter . . .« (Th. Demmler). Von Riemenschneider kennen wir schöne Gruppen dieser Art im Bayerischen Nationalmuseum München (Heilige Anna), der fürstlichen Sammlung in Maihingen (Anna und Joachim), die Gruppe in der Sammlung auf Gut Tiefenbrunn/Obb. (Mutter Anna mit ihren drei Gatten). Im Vergleich zu diesen Riemenschneiderschen Originalwerken erweist sich die hier vorgestellte Gruppe, die aus zwei ursprünglich nicht zusammengehörigen Teilen besteht, als Werkstattarbeit, bei der die Anna-Joachim-Seite von sehr viel höherer Qualität ist als die Maria-Joseph-Gruppe. Die erstere zeigt starke Anlehnungen an das sogenannte ›Ehepaar im Beichtstuhl‹ im Londoner Victoria und Albert-Museum.

Literatur: Früher durch das fränkische Luitpoldmuseum in Würzburg. Würzburg 1913, S. 47. – J. Bier, Tilman Riemenschneider. Die reifen Werke. Augsburg 1930, S. 47, Anm. 3, Abb. S. 49 (vgl. zur allgem. Riemenschneider-Literatur die Angaben zu Kat.-Nr. 47).

49 Maria mit Kind

Tilman Riemenschneider und Werkstatt. Um 1510
Aus rheinischem Privatbesitz

Lindenholz; H 86 cm
Rückwärtig ausgehöhlt.
Ursprünglich wohl ungefaßt. – Teile einer alten Fassung erhalten. – Teil des Schleiers am Kopf abgearbeitet. – Stammt vermutlich aus dem Taubergrund.
Erstveröffentlichung von M. H. von Freeden in der Mainfränkischen Zeitung vom 7. 9. 1963.

Aufrecht steht Maria über der Mondsichel. Der Schleier ist von der üppigen Fülle ihres Haars herabgeglitten. Das unbekleidete Kind, das sie vor sich auf beiden Händen hält, hat spielerisch nach ihm gegriffen. Das Gesicht der Madonna ist von leichter Melancholie wie in der Vorahnung kommenden Leids überschattet. Ihr langgelocktes Haar fließt über die Schultern auf den Rücken herab. Aus einer mächtigen Schlüsselfalte des Mantels greift die Linke unterstützend nach dem rechten Beinchen des Kindes. Der Stoff schichtet sich zu dünnen Faltenkämmen, zwischen denen muldenförmige Täler entstehen.

Die richtungweisenden Werke, in deren Umkreis diese Madonna gehört, sind die um 1510 entstandene Madonna des Würzburger Universitätsmuseums sowie die Doppelmadonna des Würzburger Mainfränkischen Museums aus der Zeit um 1512. Bei der letzteren begegnet uns das Motiv des vor dem Körper gehaltenen Kindes, das mit seinen Händen nach dem Schleier der Mutter greift, wie denn überhaupt unsere Madonna eine freie Wiederholung der einen Seite dieser Doppelmadonna zu sein scheint (vgl. auch die Budapester Madonna Riemenschneiders). Die Darstellung des Kindes wohl nicht eigenhändig.

Literatur: Vgl. zur allgemeinen Riemenschneider-Literatur Kat.-Nr. 47.

50 Trauernde Maria
Tilman Riemenschneider. Um 1514
Würzburg, Mainfränkisches Museum
Die Figur stammt aus Acholshausen. 1898 aus dem Würzburger Kunsthandel erworben.

Lindenholz; H 179 cm
Rückseitig ausgehöhlt.
Große Teile alter Fassung.
Teile zweier Finger der linken Hand, die rechte Fußspitze sowie kleine Teile des Gewandes in Verlust geraten.

Über den Kopf der Trauernden ist in faltenreicher Drapierung der Mantel gelegt. Zusammen mit der Rise bildet er eine Art Gehäuse für das von stiller Trauer gezeichnete Gesicht. Der rechte Arm ist leicht angehoben, die Hand, die sich einprägsam aus dem kleinteiligen Faltengekräusel abhebt, greift in den mächtigen Faltenbausch des Mantels. Im Vergleich zur zarten Bildung bei den mädchenhaften Madonnen sind die Hände hier von Arbeit und Alter gezeichnet. Die leichte axiale Verschiebung des Körpers und die feine Neigung des Hauptes stellen die formale Beziehung zu dem heute nicht mehr vorhandenen Kruzifixus her. Zwar sind auch für die trauernde Maria aus Acholshausen die gestreckten Proportionen, das »schwankende und gebogene Sichgeben«, das »weiche Sichschmiegen in leichtem S-Linienschwung und ein gefühlvolles Drehen und Wenden in den Gelenken« charakteristisch, doch hat das Faltenspiel nicht mehr den großen Linienzug früherer Werke. Es beginnt jener klare »Ansichtszwang«, eine reine Bildhaftigkeit, in der die dritte Dimension nach Pinders Beobachtung reale Verluste erleidet. Dadurch jedoch wird eine »feierliche Idealität« gewonnen. Die Figur ist um 1514 zu datieren.

Literatur: J. Bier, Tilman Riemenschneider. Die reifen Werke. Augsburg 1930. – F. Knapp, Riemenschneider. Bielefeld–Leipzig 1935. – Th. Demmler, Die Meisterwerke Tilman Riemenschneiders. Berlin 1936. – M. H. v. Freeden, Tilman Riemenschneider. München–Berlin 1954. – K. Gerstenberg, Tilman Riemenschneider. München 1955 (vgl. Lit.-Angaben zu Kat. Nr. 47). – M. H. von Freeden, Tilman Riemenschneider. 3. Aufl., München 1965, S. 36 und Abb. 94.

51 Mariä Tempelgang
Schwaben. Anfang des 16. Jahrhunderts
Aachen, Städt. Suermondt-Museum
1908 von der katholischen Kirche zu Almens bei Rodels-Realta in Graubünden erworben.

Figuren Lindenholz, Schrein aus Tannenholz; H 65, B 65 cm
Alte Fassung und Vergoldung.
Das Relief bildet zusammen mit einer Darstellung der Weihnacht den linken Flügel eines Marienaltars.

Hinter einem diagonalen Stufenaufgang verharren andächtig Joachim und Anna. Die Mutter Mariens hat die Arme vor die Brust gelegt. Ihr vom Matronenschleier gerahmtes Gesicht ist auf das Wunder gerichtet, wie es die Legenda aurea vom Tempelgang der kleinen Maria erzählt. Joachim hält in der Rechten den Korb mit den beiden Opfertauben. Mit der Linken stützt er sich auf seinen Stab. Die Madonna selbst eilt mit gefalteten Händen die Stufen zum Altar des Tempels hinauf. Der sie empfangende Priester ist wie ein Bischof mit Tiara und Pluviale dargestellt. Seine Rechte ist zum Segensgestus erhoben und weist den Betrachter gleichzeitig auf den Tempelgang der Jungfrau hin.
H. Schweitzer hat auf die Verwandtschaft der Marienfigur des Altares mit der Barbara und Katharina auf zwei Altarflügeln im Kaiser-Friedrich-Museum zu Berlin verwiesen, die aus der Kirche zu Damuls in Vorarlberg stammen und von W. Vöge dem Yvo Strigel zugeschrieben wurden. Die

Memminger Wirksamkeit Strigels führte dann zu der Vermutung, daß der Aachener Altar in einer Memminger Schnitzerschule entstanden sei. Unmittelbar verwandt und wohl aus derselben Werkstatt ist ein Altar in Stürvis in Graubünden. Beide Altäre stehen in der Nachfolge des Blaubeurener Hochaltares Nikolaus Erharts.

Literatur: H. Schweitzer, Die neuerworbenen Altäre im Städtischen Suermondt-Museum. In: Aachener Kunstblätter, Bd. IV/VI, 1911, S. 54. – H. Schweitzer, Die Skulpturensammlung des Städtischen Suermondt-Museums zu Aachen. Aachen 1910, S. 47, 3–5. – Katalog: Unsere Liebe Frau. Aachen 1958, S. 62, Nr. 68. – E. G. Grimme, Das Suermondt-Museum. In: Aachener Kunstblätter, Bd. 28, 1963, S. 130 ff.

52 Maria mit Kind

Oberschwaben. Um 1510
Karlsruhe, Badisches Landesmuseum
Nach der Überlieferung aus Rieden bei Kaufbeuren stammend. Ehemals Sammlung M. v. Nemes, 1954 aus dem Kunsthandel erworben.

Lindenholz; H 133,5 cm
Rückseite ausgehöhlt.
Gut erhaltene ältere Fassung, im Gewand stellenweise übermalt.
Krone und vordere Haarfläche Mariens geringfügig beschädigt.

Die Gestalt Mariens ist einer gedachten Ovalform einbeschrieben. Das längliche Haupt ziert eine Krone, unter der die lockenreiche Haartracht mantelgleich über Schultern und Rücken herabfließt. Die Mutter bietet das unbekleidete, segnende Kind mit beiden Händen dem Betrachter zur Verehrung dar. Der Mantel, der über das Gewand der Maria gelegt ist, wird vor dem Körper hochgezogen und bildet eckig gebrochene Falten, die in ihrer formalen Eigenwilligkeit fast abstrakt anmuten.
H. Wilm hat die Figur einer Gruppe von Skulpturen aus dem oberen Donautal zugeordnet. Das Motiv des segnenden Kindes mit der Weltkugel ist in dieser Form für Ulmer Madonnen charakteristisch. Gegen Ulm spricht (vgl. F. Schultz und E. Zimmermann) die deutliche Markierung des tänzerisch vorgestellten Spielbeins, das knittrige Faltenwerk, die vielfältig belebte Saumlinie des hochgerafften Mantels. Der hieraus resultierende bewegliche und lebendige Ge-

samtcharakter kennzeichnet die Aufnahme fremder Anregungen in den blockhaft gedrungenen ulmischen Umriß. Hier wären vor allem Spätwerke Gregor Erharts zum Vergleich heranzuziehen. »Das lebhafte Faltenspiel bei breiter blockhafter Gesamtwirkung läßt an Arbeiten des Ivo Strigel denken.« (R. Schnellbach)

Literatur: H. Wilm, Die gotische Holzfigur. Leipzig 1923, S. 169, T. 96. – W. Mangoldt / L. Eckener, Madonnen. Konstanz 1957. Abb. 57. – Katalog: Meisterwerke aus den Sammlungen des wiedereröffneten Museums (Badisches Landesmuseum Karlsruhe). Karlsruhe 1959, S. 81, Nr. 55 mit Abb. – R. Schnellbach, Spätgotische Bildwerke. Eine Auswahl aus den Beständen des Badischen Landesmuseums. Karlsruhe 1962, Nr. 34/35.

53 Muttergottes und Kind vom Talheimer Altar

Ulm. Um 1515–1520
Stuttgart, Württembergisches Landesmuseum
Nach Ausweis der rechts und links über der Madonna angebrachten Wappen ist der Altarschrein eine Stiftung der Gattin des Eberhard von Karpfen, Anna von Stetten aus Hall, deren Mutter eine geborene von Adelsheim war. Aus Talheim (O.-A. Rottenburg) 1844 von der K. Gemäldesammlung Stuttgart erworben, 1902 der Altertümersammlung überwiesen.

Lindenholz; H 125 cm
Rückseitig ausgehöhlt. Die Krone Mariens 1781 durch Blitzschlag zerstört, sonst makellose Erhaltung.

Alte Fassung: Schreinrückwand mit Vorhang aus Goldbrokat, das Haar Mariens goldfarben, rotsilbernes Brokatgewand, goldener, blau gefütterter Mantel mit spätgotischem Saumornament.

Unter üppigem Maßwerkbaldachin thront die Gottesmutter. Ihre ›Thronassistenten‹ sind die Heiligen Cyriakus und Pankratius. Das Haupt der Madonna ist in leiser Melancholie leicht nach links geneigt, das reiche Lockenhaar, das die versonnenen Züge rahmt, fällt in weichen Wellen auf Schultern, Rücken und Brust. Mit der rechten Hand hält Maria das unbekleidete Kind, das mit der einen Hand segnet und mit der anderen in dem von der Mutter gehaltenen Buch blättert. Der Blick der Madonna und des Kindes sind auf

den Betrachter gerichtet. Mariens weiter Mantel, der in mächtigen Faltenkaskaden über das linke Knie gelegt ist und auf der anderen Seite einen melodischen Halbkreis beschreibt, wird von zwei Engeln in Höhe des Sockels gehalten. Geflügelte Musikanten mit Laute und Geige erscheinen zu beiden Seiten der Madonna und tragen dazu bei, der würdevollen Ruhe, die die Figur der Maria ausstrahlt, einen heiteren Genrezug zu gesellen.
Die ältere Forschung hat den Altar für eine fränkische Arbeit gehalten. Späterhin wurde er Daniel Mauch zugeschrieben. Gesichert ist lediglich seine Herkunft aus dem ulmischen Kunstkreis. Die Malerei auf den Flügeln und der Predella gelten als früheste Arbeiten des unter dem Einfluß Albrecht Dürers stehenden Meisters von Meßkirch.

Literatur: Anzeiger für Kunde der deutschen Vorzeit, V, 1836, S. 499. – Lotz, Kunsttopographie II: Süddeutschland, 1863, S. 512. – Keppler, Württembergs kirchliche Kunstaltertümer. 1888, S. 296. – Die Kunstdenkmale im Königreich Württemberg, Paulus, Schwarzwaldkreis, 1897, S. 286. – Bach, Schwäbische Chronik. 1897, Nr. 303. – Beschreibung des Oberamts Rottenburg, II, 1900, S. 347. – M. Schütte, Der schwäbische Schnitzaltar. Straßburg 1907, S. 11, 12, 57, 87, 90, 92, 93, 99, 122, 144, 204, 206. – J. Baum, Die Ulmer Plastik um 1500. 1911, S. 113 ff., 122, 129, 134, 144. – J. Baum, Deutsche Bildwerke des 10. bis 18. Jahrhunderts. Stuttgart–Berlin 1917, S. 194, Nr. 193, T. 10. – A. Walzer, Schwäbische Plastik im Württembergischen Landesmuseum Stuttgart. Stuttgart o. J., S. 47 ff.

54 Maria mit Kind
Mittelrhein. Um 1520–1530
Aachen, Klosterkirche der Schwestern vom armen Kind Jesu

Lindenholz; H 150 cm
Rückseite ausgehöhlt und abgeflacht, ursprünglich wohl Mittelfigur eines Altarschreins oder eine ›Madonna im Strahlenkranz‹.
Alte, stark ergänzte Fassung.

Das freundliche, volle Gesicht Mariens ist von lang herabfallendem, offenem Lockenhaar gerahmt. Die Augen sind abwärts auf den Betrachter gerichtet. Kunstvoll hat der Bildschnitzer einen Schleier von der rechten Schulter zum linken Arm hin drapiert. Das unbekleidete Kind sitzt auf der linken Hand der Mutter und hat die

Rechte segnend erhoben. Mit der Linken hält es einen Apfel, der gleicherweise als marianisches Symbol der ›Neuen Eva‹ wie auch als Weltkugel gedacht werden kann. Korkzieherartig gedrehte Löckchen umgeben das breitflächige, zu kindlichem Lächeln verzogene Antlitz des Knaben. Maria trägt ein langes, gegürtetes Gewand, das in straffen Parallelfalten zu Boden fällt. Ein in knittrigen Falten gebrochener Mantel ist über den rechten Arm hochgezogen und bildet in seinen schlüsselförmigen Faltenmotiven einen schönen formalen Kontrast zu den bestimmenden Vertikalen der Gewandfalten. Der Fuß der Madonna tritt auf die Mondsichel, ein Motiv, das die Gleichsetzung des apokalyptischen Weibes mit der Himmelskönigin vor Augen führt. Die Heimat des Marienbildes ist am Mittelrhein zu suchen. Im 3. Jahrzehnt des 16. Jahrhunderts dürfte es im Strahlungsbereich der Bildschnitzerkunst des 1519 in Mainz gestorbenen Hans Backoffen entstanden sein. Die Madonna aus Oberaufoff im Wiesbadener Nassauischen Altertumsmuseum sowie die Madonna der Pfarrkirche in Ehrenstein dürfen in weiterem Sinne als verwandt bezeichnet werden. Sie verraten, genau wie die Aachener Madonna, eine schwäbische Schulung ihres Schnitzers. Unverkennbar ist bei allen der 'ulmische' Einschlag.

Literatur: E. G. Grimme, Eine Marienstatue vom Ausgang der Gotik. In: Aachener Kunstblätter, Bd. 30, 1965, S. 186 f.

55 Muttergottes auf der Mondsichel

Sog. Meister von Osnabrück.
Um 1510–1520
Aachen, Städt. Suermondt-Museum
Ehemals Sammlung Moest

Eichenholz; H 72 cm
Im Rücken flach, wahrscheinlich Teil des Doppelreliefs einer ursprünglich hängenden ›Madonna im Strahlenkranz‹.
Nur wenig ergänzte alte Fassung: Krone, Mieder und Mantel gold, Gewand rot, Mantelfutter blau, Gesicht und Hände inkarnatfarben.

In der Gruppe der Muttergottes auf der Mondsichel klingt die im Mittelalter so beliebte Gleichsetzung mit dem Weib der Apokalypse an. Mariens linkem Fuß als Schemel dienend, ist die Mondsichel dem Rhythmus von Figur und Gewand einbezogen. Der Kopf der Jungfrau hat die für den sog. Meister von Osnabrück so charakteristische ovale Form. Ein mächtiger, wellenförmig angeordneter Haarkranz bildet ein rahmendes Gehäuse für das Haupt. Die hohe Stirn, das kleine Gesicht mit dem leicht betonten Kinn hat die Figur mit den übrigen uns bekannten Skulpturen des Meisters gemeinsam. Der Blick der Madonna ist auf das herabschauende Kind gerichtet. So entsteht eine geistige Bewegung, die von der Mutter über das Kind zum Betrachter führt. Zwar trägt Maria die Krone der Königin, doch ihr Gewand ist das der vornehmen Frauen des beginnenden 16. Jahrhunderts: eng anliegendes, mit goldenen Bändern verziertes Mieder, das die Körperformen betont, der Rock mit den plisseeartig geschichteten Falten und der modische Halsschmuck. In wirkungsvollem Kontrast zu dieser die Gestalt stilisierenden Gewandung steht der weit und zwanglos drapierte Mantel, der vor dem Körper hochgezogen wird und über dem linken Arm einen mächtigen, ohrförmigen Faltenstau bildet. Das Kind, das Maria auf dem rechten Arm hält, trägt ein weites, vorne geöffnetes Mäntelchen. Seine Hände umfassen spielerisch die schwere Weltkugel, die es auf seinen Knien hält. Im Gegensatz zu früheren, streng frontal angelegten Madonnenbildern arbeitet der Künstler mit kühnen Richtungsverschiebungen, die er formal geschickt miteinander zu verbinden weiß. Der Blick des Betrachters wird durch die leichte Wendung des Marienhauptes aus der strengen Axialität herübergeleitet zu der im Profil gegebenen Darstellung des Kindes. Die Muttergottes auf der Mondsichel ist ein charakteristisches Werk eines westfälischen Bildschnitzers und Steinbildhauers, der im ersten Drittel des 16. Jahrhunderts arbeitete und nach den acht großen Apostelstatuen im östlichen Teil des Chorumganges im Dom zu Osnabrück benannt wurde. Obgleich sie heute nicht mehr als Arbeiten dieses Meisters anerkannt werden, hat der Notname des Künstlers seine Berechtigung behalten, da sich die hauptsächlichsten der unter seinem Sammelnamen vereinigten Werke in Osnabrück und Umgebung befinden.

Literatur: H. Schweitzer, Die Skulpturensammlung im Städtischen Suermondt-Museum zu Aachen. Aachen 1910, S. 33, T. XLVIII. – H. Meinhardt, Der Meister von Osnabrück. Diss. Marburg 1928, S. 42. – Thieme-Becker, Allgemeines Lexikon der bildenden Künstler, Bd. 37, Leipzig 1950, S. 257. – Th. Demmler, Die Bildwerke in Holz, Stein und Ton, Berlin-Leipzig 1930, Nr. 474, 485, 486. – Katalog: Unsere Liebe Frau. Aachen 1958, S. 75, Nr. 137. – E. G. Grimme, Das Suermondt-Museum. In: Aachener Kunstblätter, Bd. 28, 1963, S. 80.

56 Die Schaager Madonna

Niederrhein. Um 1520
Köln, Schnütgen-Museum
Die Figur stammt aus Sonsbeck bei Xanten, dann im Besitz des Pfarrers Versteyl in Schaag, 1908 in Venlo erworben.

Eichenholz; H 46,5 cm
Vollrund gearbeitet.
Ohne Fassung.
Die Figur des Kindes oberhalb der Beinchen, der Gewandzipfel am rechten Arm sowie die rechte Hand Mariens ergänzt.

Der kapriziös durchgebogene Körper Mariens steht auf dem unter ihren Füßen sich windenden Drachen. Das Köpfchen mit dem kleinen Gesicht und der betont hohen Stirn ist leicht abwärts gerichtet. In großen Wellenzügen fällt das reiche Haar auf die Schultern der Madonna. Sie trägt ein langes, in knittrige Falten drapiertes Gewand, dessen oberer Teil durch einen modischen, plisseeartigen Einsatz geziert ist. Das Gewand ist über den linken Arm herübergezogen, so daß großzügige, schönlinige Diagonalfalten entstehen. Die kokett gespreizten Finger der linken Hand fassen das unbekleidete Kind. Die Rechte hält den Schaft eines Zepters.
Wilhelm Pinder nannte die Schaager Madonna die »delikateste Leistung« und die »Krone der niederrheinischen Plastik der Spätgotik«.

Literatur: P. Clemen, Kunstdenkmäler des Kreises Kempen. 1891, S. 124. – E. Lüthgen, Die niederrheinische Plastik. Straßburg 1917, S. 354, T. XLVI, Abb. 1. – E. Lüthgen, Gotische Plastik in den Rheinlanden. Bonn 1921, T. 72. – W. Pinder, Die deutsche Plastik II. Wildpark-Potsdam 1929, S. 346, 393. – F. Witte, Tausend Jahre I, S. 173; III, T. 206. – Katalog: Das Schnütgen-Museum. Eine Auswahl. Köln 1961, Nr. 121. – Katalog: Unsere Liebe Frau. Aachen 1958, Nr. 23.

57 Maria mit Kind
Ulm. Um 1520
Düsseldorf, Kunstmuseum
Ehemals Sammlung Oertel

Lindenholz; H 137 cm
Rücken hohl. Ohne Fassung.

Das Kind sitzt über der vorgeschobenen rechten Hüfte der Mutter. Seine Linke ist segnend erhoben, in der Rechten hält es eine Frucht. Das freundliche volle Gesicht der Madonna wird von offenem, lockigem Haar und dem Kopftuch gerahmt, der weite Mantel unter dem Kind emporgenommen und festgehalten. Der linke Fuß der Mutter steht in der Sichel des Mondes, in der das Mondgesicht erscheint.
In der weichen Faltengebung ist die Düsseldorfer Madonna typisch

für die malerischen Tendenzen des ulmischen Spätstils. Das Hauptwerk des Bildschnitzers ist der Seitenaltar der Stadtkirche in Geislingen. Ferner wird ihm eine Wandstatue der Madonna mit dem Kind im Augustinermuseum in Freiburg zugewiesen. Die aus Erbach bei Ulm stammende Skulptur in Düsseldorf der ehemaligen Sammlung Oertel hat ihm den Namen ›Meister der Oertelmadonna‹ eingetragen.

Literatur: P. Wescher, in: Berichte aus dem Freiburger Augustiner-Museum, Heft 1, 1924, S. 13 ff., Abb. 8. – Thieme-Becker, Allgemeines Lexikon der bildenden Künstler, Meister des Geislinger Altars (Madonna aus Erbach bei Ulm) mit weiteren Literaturangaben, Bd. 37, Leipzig 1950, S. 112. – Versteigerungskatalog der Sammlung Oertel. Bearb. v. Th. Demmler. Berlin 1913, S. 21, Nr. 55, T. 40 u. 41. – G. Otto, Die Ulmer Plastik der Spätgotik. Reutlingen 1925, S. 281, Abb. 330.

58 Maria mit Kind zwischen den Heiligen Andreas und Nikolaus

Hans Syrer. 1521
Stuttgart, Württembergisches Landesmuseum
Aus der Pfarrkirche in Ohmenhausen (O.-A. Reutlingen). Erworben 1864 vom Kirchenstiftungsrat in Ohmenhausen.

Lindenholz; H 98 cm
Rückseitig ausgehöhlt.
Das Laubwerk zu Schrein und Flügeln, die Zacken der Marienkrone, Fußspitzen und Finger der rechten Hand des Kindes, die rechte Hand des heiligen Nikolaus fehlen.
Alte Fassung zu großen Teilen erhalten. Goldornamentierte Hintergründe, goldene Mäntel (bei Maria rot, bei Nikolaus grün, bei Andreas blau gefüttert), das Gewand Mariens blau, das des Andreas grau, die Dalmatika des heiligen Nikolaus silberbrokat.

Das rechte Knie in leichtem Kontrapost durch die Stoffülle des Mantels gedrückt, steht die Gestalt Mariens, in feiner S-Kurvatur durchgeschwungen, über der Mondsichel. Das breite Gesicht mit der hohen Stirn neigt sich leicht zum unbekleideten Kinde herab, das segnend den Betrachter anblickt. Über dem hochgegürteten Gewand trägt die Madonna den Mantel, den sie vor dem Körper hochgezogen hat. Der heilige Nikolaus ist durch bischöfliche Gewandung gekennzeichnet: Die Dalmatika über Amiktus und Alba und darüber das vom rechten Arm geraffte

Pluviale. Mit der linken Hand hält der Heilige seine Attribute, ein Buch und drei Goldklumpen. Andreas ist barhäuptig und trägt über dem gegürteten Gewand einen weiten Mantel, dessen Zipfel durch die Balken des Astkreuzsymboles gelegt ist.
Unterhalb der Madonna findet sich am Altarschrein der Reichsadler auf goldenem Schild zwischen dem alten und neuen Wappen von Reutlingen sowie die Inschrift: S. ANDREAS. 1521. NIKLAUS. HANS SYRER. Hans Syrer ist von 1505 bis 1521 in Reutlingen nachweisbar. Er ist der Meister des Schnitzaltars der Pfarrkirche in Rübgarten, Kreis Tübingen.

Literatur: Gayler, Historische Denkwürdigkeiten von Reutlingen, II, 1845, S. 292. – M. Schütte, Der schwäbische Schnitzaltar. Straßburg 1907, S. 30, 31, 80, 202 f., 208. – Über die Wappen vgl. Beschr. des Oberamts Reutlingen II, 1893, S. 5. – J. Baum, Niederschwäbische Plastik des ausgehenden Mittelalters. Tübingen 1925, S. 30, Nr. 71 m. T. – G. Otto, Ulmer Plastik der Spätgotik. Reutlingen 1925.

59 Trauernde Maria (die Nürnberger Madonna)

Nürnberg. Um 1520
Nürnberg, Germanisches Nationalmuseum
Die Plastik wurde 1877 erworben. Zwischen 1829 und 1833 wird sie unter den in der Kaiserkapelle der königlichen Burg zu Nürnberg befindlichen Kunstwerken erwähnt. 1837 gehört sie zu den im Landauer Zwölfbrüderkloster zu Nürnberg aufgestellten städtischen Kunstwerken. Späterhin ist sie bis 1876 in der städtischen Bildergale-

rie des Rathauses augestellt. Sie stammt wahrscheinlich aus der 1807 abgebrochenen Dominikaner- oder Predigerkirche zu Nürnberg und ist wohl identisch mit einer Holzskulptur Mariens, die Chr. G. v. Murr in seiner Beschreibung der vornehmsten Merkwürdigkeiten in Nürnberg 1778 (S. 55) als ein »sehr gutes Stück«, das unter einem Marmorkruzifix stand, beschreibt. Im Jahre 1825 wurde die alte Fassung abgenommen und der graugrüne Ölfarbenanstrich aufgetragen. Der Versuch, ihn wieder zu beseitigen, blieb 1876 erfolglos.

Lindenholz; H 150 cm
Freiplastische Standfigur, innen hohl.
Ölfarbenbemalung über Resten der ursprünglichen Fassung auf Kreidegrund: Gewand ursprünglich rotbrokat mit goldenen Ärmeln, blauer Mantel, am Futter Spuren von gold, grün und braun, Rise und Hulle ehemals weiß.
An der Gewandung fehlen kleinere Stücke sowie die Spange, die den Mantel über der Brust zusammenhielt. Standplatte ergänzt. Die Figur ist im Ganzen überarbeitet worden.

Maria steht mit betend erhobenen Händen, zurückgestelltem rechten Fuß und ausgebogener linker Hüfte auf einer achtseitigen Fußplatte. Das zum Kreuz emporgerichtete Haupt ist von einer Haube, über welche auch die den Oberkörper halb bedeckende Hulle gebreitet ist, bedeckt. Eine ehemals weiße Rise verhüllt Brust, Hals und Kinn. Der vor der Brust zusammengehaltene Mantel ist über Schultern und Rücken gelegt. Das über der Hüfte gegürtete Gewand zeigt vorwiegend vertikalen Faltenfluß, ein Motiv, das die Schlankheit der Figur besonders betont.
An der nürnbergischen Entstehung des Stückes kann kein Zweifel bestehen. W. Pinder versucht eine Zuschreibung an Paul Vischer. Sicherlich ist der Einfluß der Vischerwerkstatt unverkennbar.

Literatur: W. Josephi, Die Werke plastischer Kunst im Germanischen Nationalmuseum Nürnberg. Nürnberg 1910, S. 289 ff., Nr. 478. Hier umfangreiche Auseinandersetzung mit der älteren Literatur. – W. Pinder, Die deutsche Plastik, II, Wildpark–Potsdam 1929, S. 94 ff., T. XXI.

60 Stehende Muttergottes
Umkreis des Meisters von Mauer.
Um 1510–1520
Mönchengladbach, Sammlung Hermann und Maria Schwartz

Lindenholz; H 51 cm
Vollplastisch gearbeitet.
Alte, wenig übergangene Fassung: Rotes Gewand, blauer Mantel mit Goldborten, Krone und Apfel gold, weißes Windeltuch.

Maria steht in seltsam kapriziöser Haltung auf dem Sockel mit der Mondsichel. Ihr Haupt ist leicht nach rechts geneigt und von wehender Lockenfülle umgeben. Der kühnen Biegung des Körpers antwortet im Gegensinn das durchgebogene Körperchen des Kindes, das mit seiner Linken spielerisch nach der Krone der Mutter greift, während die Rechte einen Apfel hält. Wie nach Balance suchend, steht der Knabe auf ihrer linken Hand, während die Rechte ihn liebevoll in der Hüfte unterstützt. Der wie vom Wind gebauschte Mantel bildet bewegte Faltentäler und Stege. Ein fast barocker Schwung kennzeichnet die ganze Figur. Alles ist der inneren Dynamik untergeordnet und geht doch in einem großgesehenen Umriß auf.

Der Wiener Valentinsaltar aus den Jahren 1512/13 zeigt in der ekstatischen Faltengebung der Gewänder, dem lockeren Fluß der Haartracht und der eigenartig länglichen Form der Gesichter die Richtung auf, in der man Verwandtes suchen muß. In der gedrehten Haltung sehen Beeh / Schnitzler schon einen Hinweis auf das Hauptwerk des Meisters von Mauer, den Marienaltar von 1513–1516. Der niederösterreichische Schöpfer unserer Madonna scheint im Umkreis des großen Meisters von Mauer gearbeitet zu haben.

Literatur: Katalog: Große Kunst des Mittelalters aus Privatbesitz. Köln 1960, Nr. 72, T. 55. – Katalog: Bewahrte Schönheit. Mittelalterliche Kunst der Sammlung Hermann Schwartz. Bearb. v. W. Beeh in Verb. mit H. Schnitzler. In: Aachener Kunstblätter, Bd. 21, 1961, Nr. 61, T. 59 u. 61.

61 Maria mit Kind aus einem Altarschrein

Süddeutsch-Oberdonau.
Um 1520–1530
Düsseldorf, Kunstmuseum
Ehemals Sammlung Schuster, München. 1938 erworben

Lindenholz; H 132 cm
Rückseitig ausgehöhlt.
Große Teile alter Fassung.
Krone später erneuert.

Die als Himmelskönigin dargestellte Maria trägt eine große Krone, unter der strähniges Haar, das auf Schultern und Rücken in weichen Wellenfluß übergeht, herabfällt. Die Stirn der Madonna ist betont hoch gebildet. Das kleine Gesicht zeigt freundliche Züge. In spielerischer Geste greift das unbekleidet auf der rechten Hand der Mutter sitzende Kind in den diagonal über der Brust verlaufenden Schleier. In der linken Hand hält Maria die Weltkugel. Ihr hochgeschlossenes, nach der Zeitmode geschnittenes Kleid ist über der Hüfte gegürtet. Der Rock bildet röhrenförmige Vertikalfalten. In schönem Kontrast hierzu stehen die stürmisch bewegten Stoffmassen des Mantels, der über dem leicht vorgesetzten rechten Knie einen bogenförmigen Faltenstrudel bildet. Der linke Fuß Mariens berührt die Mondsichel, in deren Krümmung das Mondgesicht erscheint.
H. Wilm hat Matthäus Krenisz, den Schöpfer der Altöttinger Türen, als Meister unserer Plastik vorgeschlagen und nimmt damit eine niederbayerische Entstehung an. Er datiert »um 1520«.

Literatur: H. Wilm, Die Sammlung Georg Schuster. München 1937, S. 32, 42, Nr. 69, T. 39. – Katalog: Kunstmuseum Düsseldorf. Düsseldorf 1959, S. 61, Nr. 103, Abb. 33.

62 Muttergottes mit dem Kind und Engeln

Daniel Mauch. Um 1535
Dalhem bei Lüttich, Katholische Pfarrkirche

Lindenholz; H 75, B 25 cm
Vollrund, Teile des linken Fußes und der rechten Hand des Kindes fehlen.
Reste alter Fassung, im 18. Jahrhundert neu gefaßt.

Maria hält mit beiden Händen das Kind. Es trägt in der Linken die Weltkugel, mit der Rechten weist es auf die (in Verlust geratene) Kreuzbekrönung des Globus. Der rechte Fuß der Mutter steht auf der Mondsichel und zertritt die Schlange – ein Hinweis auf die ›Immaculata conceptio‹. Maria trägt ein eng anliegendes Gewand, der Mantel ist vor dem Körper hochgezogen, der bekrönte Kopf von Haarfülle umrahmt.
Gearbeitet für den Bibliothekar Berselius der Abtei Sankt Laurentius in Lüttich. Auf der Vorderseite des Sockels die Inschrift: QUID MIRAR TUOS AETAS ANTIQUA, MIRONES DESINE, DANT PALMAM SAECULA PRISCA NOVIS. Auf der Rückseite des Sockels die Inschrift: AETATIS VALEANT ILLUSTRA SIGNA VETUSTAE CUNCTA NIHIL, FACIUNT AD DANIELIS OPIS. – was etwa besagen will: Höret auf, einen Myron zu preisen! Vergangene Jahrhunderte müssen dem neuen die Palme reichen. Zwar erkennen wir die Werke der Vergangenheit an; keines jedoch ist dem Werk des Daniel (Mauch) vergleichbar. – Auf einer Seite des Sockels das Wappen des Berselius mit der Inschrift: Sum Berselii. Wappen und Inschrift erlaubten die Identifizierung des Berselius mit dem Benediktinerpater Pascal de Birset, eines Freundes des Erasmus von Rotterdam. Auf der anderen Schmalseite des Sockels das Wappenzeichen des Bildhauers: zwei gekreuzte Meißel auf blauem Grund mit der Inschrift: Daniel Mauchius fecit.

Literatur: J. Ceyssens, Berselius et la Statue de la Vierge de Dalhem. Lüttich 1925. – J. de Borchgrave d'Altena, La Vierge de Berselius, œuvre de Daniel Mauch. In: Revue d'Art, Bd. 26, S. 146–149, 1925. – J. Brassine, La Vierge de Berselius. In: Bulletin de la Société Royale, Le Vieux-Liège, Nr. 115, Bd. V, 1956, S. 116 f. – A. Feulner / Th. Müller, Geschichte der deutschen Plastik. München 1953, S. 321, Abb. 260. – Th. Müller, Deutsche Plastik der Renaissance. Königstein i. T. 1963, S. 32. – Katalog: Unsere Liebe Frau. Aachen 1958, Nr. 77, T. 47.

Anmerkungen

1 J. von Schlosser, Schriftquellen 1126; MG SS XI, 12. – Zuletzt bei: H. Schrade, Vor- und Frühromanische Malerei. Köln 1958, S. 150. Vgl. auch: O. Karrer, Maria in Dichtung und Deutung. Zürich 1962, S. 376 f.

2 P. à Beeck, Aquisgranum, 1620

3 E. G. Grimme, Die ›Lukasmadonna‹ und das ›Brustkreuz Karls des Großen‹. In: Festschrift für Hermann Schnitzler. Düsseldorf 1965, S. 48 ff.

4 Zuletzt bei: V. H. Elbern, Das erste Jahrtausend. Tafelband. Düsseldorf 1962, T. 370, 71

5 Zuletzt bei: V. H. Elbern, a. a. O., T. 402, 403

6 Zuletzt bei: S. Collon Gevaert / J. Lejeune / J. Stiennon, Romanische Kunst an der Maas im 11., 12. und 13. Jahrhundert. Brüssel 1962, S. 212, Nr. 26

7 Zuletzt bei: P. Bloch, Kölner Madonnen. Mönchengladbach 1961, S. 10

8 Vgl. W. Braunfels, in: Unsere Liebe Frau. Ausstellungskatalog. Aachen 1958, S. 11 ff.

9 J. Hoster, Der Dom zu Köln. Köln 1964, S. 26 ff.

10 W. Pinder, Die dichterische Wurzel der Pietà. In: Rep. f. Kunstwiss., Jg. 1920

11 W. Passarge, Das deutsche Vesperbild im Mittelalter. Köln 1924

12 Zitiert nach: O. Karrer, Maria in Dichtung und Deutung, a. a. O., S. 198

13 P. Metz, Eine Muttergottes auf dem Löwenthron. In: Germanisches Nationalmuseum, 96. Jahresbericht, S. 5–10

14 Zitiert nach: E. Mâle, Die kirchliche Kunst des 13. Jahrhunderts in Frankreich. Straßburg 1907, S. 282

15 H. von Einem, Die ›Menschwerdung Christi‹ des Isenheimer Altars. Köln – Opladen o. J., S. 8 f.

16 H. von Einem, a. a. O., S. 9

17 W. Pinder, Zum Problem der ›Schönen Madonnen‹ um 1400. In: Jahrbuch d. Preußischen Kunstsammlungen, Bd. 24, H. IV, Berlin 1923, S. 147

18 K. H. Clasen, Die Schönen Madonnen. Königstein i. T. o. J., S. 2 ff.

19 D. Großmann, Salzburgs Anteil an den ›Schönen Madonnen‹. In: Katalog ›Schöne Madonnen‹ 1350–1450. Salzburg 1965, S. 24 ff.

20 W. Pinder, a. a. O., S. 158

21 D. Großmann, a. a. O., S. 74

22 F. Holböck, Theologischer Hintergrund und theologische Aussage der ›Schönen Madonnen‹. In: Katalog ›Schöne Madonnen‹, a. a. O., S. 51

23 Revelationes 1, 35

24 Zitiert nach: F. Holböck, a. a. O., S. 52

25 W. Pinder, Die deutsche Plastik. Teil II. Wildpark – Potsdam 1929, S. 250 f.

26 W. Pinder, a. a. O., S. 256

27 N. Rasmo, Der Multscher-Altar in Sterzing. Bozen 1963, S. 21 ff.

28 Zitiert nach: H. Weigert, Das Straßburger Münster und seine Bildwerke. Berlin 1928, S. 47

29 Zuletzt bei: A. Walzer, Schwäbische Plastik im Württembergischen Landesmuseum Stuttgart. Stuttgart o. J., T. 8, S. 20

30 O. Wertheimer, Nikolaus Gerhaert. Berlin 1929, S. 36

31 O. Wertheimer, a. a. O., S. 37

32 Vgl. H. Haug, Der Oberrhein. In: Katalog ›Unsere Liebe Frau‹, a. a. O., S. 33 ff.

33 E. M. Vetter, Maria im Rosenhag. Düsseldorf 1956, S. 13

34 E. M. Vetter, a. a. O., S. 15

35 E. M. Vetter, a. a. O., S. 27

36 H. Schnitzler, Köln. In: Katalog ›Unsere Liebe Frau‹, a. a. O., S. 32

37 E. Lutze, Veit Stoß. Berlin – München 1952, S. 37

Ortsregister

Nürnberg, Germanisches Landesmuseum Kat.-Nr. 45 (Abb. 44, 45, Farbtafel 18), 59 (Abb. 60)

Stuttgart, Württembergisches Landesmuseum Kat.-Nr. 10 (Farbtafel 4), 24 (Farbtafel 12), 31 (Abb. 23, 24, 25), 37 (Abb. 32), 53 (Abb. 52, 53), 58 (Abb. 57)

Würzburg, Mainfränkisches Museum Kat.-Nr. 48 (Abb. 43), 50 (Abb. 49)

DuMont Kunst-Taschenbücher

»Eine Taschenbuchreihe, in der die quantitative und qualitative Information trotz des günstigen Buchpreises von erfreulicher Dichte ist und die meist zahlreichen, auch farbigen Abbildungen wirklich wertvolles Hilfsmittel zum Textstudium darstellen.« *Luzerner Neueste Nachrichten*

Band 1 Abraham A. Moles
Kunst & Computer

Band 2
Horst W. und Dora Jane Janson
Malerei unserer Welt
Von der Höhlenmalerei zur Moderne

Band 3
August Macke Die Tunisreise
Aquarelle und Zeichnungen

Band 4 Uwe M. Schneede
René Magritte
Leben und Werk

Band 5
Ernst Günther Grimme
Pieter Bruegel d. Ä.
Leben und Werk

Band 6 Karin Thomas
DuMont's kleines Sachwörterbuch zur Kunst des 20. Jahrhunderts
Von Anti-Kunst bis Zero

Band 7 Hans Joachim Albrecht
Farbe als Sprache
Robert Delaunay Josef Albers Richard Paul Lohse

Band 8 Christian Geelhaar
Paul Klee
Leben und Werk

Band 9 Adolf Max Vogt
Russische und Französische Revolutionsarchitektur 1917 · 1789
Zur Einwirkung des Marxismus und des Newtonismus auf die Bauweise

Band 10 Herbert W. Franke
Phänomen Kunst
Die kybernetischen Grundlagen der Ästhetik

Band 11
William Morris
Kunde von Nirgendwo
Eine Utopie der vollendeten kommunistischen Gesellschaft

Band 12 José Pierre
DuMont's kleines Lexikon des Surrealismus

Band 13 Joseph Émile Muller
DuMont's kleines Lexikon des Expressionismus

DuMont Kunst-Taschenbücher

Band 14 Jens Christian Jensen
Caspar David Friedrich
Leben und Werk

Band 15 Heijo Klein
DuMont's kleines Sachwörterbuch der Drucktechnik und grafischen Kunst
Von Abdruck bis Zylinderpresse

Band 16 Michail W. Alpatow
Studien zur Geschichte der westeuropäischen Kunst

Band 17 André Stoll
Asterix – Das Trivialepos Frankreichs
Die Bild- und Sprachartistik eines Bestseller-Comics

Band 18 Horst Richter
Geschichte der Malerei im 20. Jahrhundert
Stile und Künstler

Band 19 László Glózer
Picasso und der Surrealismus
(z. Z. vergriffen)

Band 20 Cyril Barrett
Op Art

Band 21 Otto F. Gmelin
Anti Freud
Freuds Folgen in der bildenden Kunst und Werbung

Band 22 Wolfgang Brückner
Elfenreigen – Hochzeitstraum
Die Öldruckfabrikation 1880–1940

Band 23 Horst Keller
Marc Chagall
Leben und Werk

Band 24 Ernst R. Scherz und Anneliese Scherz
Afrikanische Felskunst
Malereien auf Felsen in Südwest-Afrika

Band 25 Gabriele Sterner
Jugendstil
Kunstformen zwischen Individualismus und Massengesellschaft

Band 26 Jens Christian Jensen
Carl Spitzweg
Zwischen Resignation und Zeitkritik

Band 27 Oto Bihalji-Merin
Die Malerei der Naiven

Band 28 Hans Holländer
Hieronymus Bosch
Weltbilder und Traumwerk

DuMont Kunst-Taschenbücher